Plan des Hamburger Hafens mit Altona um 1898

Helmut F. H. Hansen

Im Auf und Ab der Gezeiten

Helmut F. H. Hansen

Im Auf und Ab der Gezeiten

Die wechselvolle Geschichte des Hamburger Hafens

Bildredaktion und Bildtexte von Karl-Theo Beer

Koehlers Verlagsgesellschaft mbH · Herford

Bildnachweis
Schutzumschlag: Reproduktion nach einem Gemälde von Hans Peter Jürgens, Kiel (Letzte Ausreise eines Großseglers zur Reise um Kap Horn, *Priwall,* Mai 1939)
Foto auf der Rückseite: Helmut F. H. Hansen
Vorsatzkarten:
vorne: Brockhaus' Konversations-Lexikon, 14. Auflage, 1894/98; hinten: Hamburg-Information, 1984
Illustrationen im Text:
Sammlung Karl-Theo Beer, Frankfurt (17)
Karl-Theo Beer/Arnold Kludas: »Der Hamburger Hafen auf alten Ansichtskarten« 1888–1914, Koehlers Verlagsgesellschaft, Herford 1988 (9)
Margit Beer, Frankfurt (5)
Behörde für Wirtschaft, Verkehr und Landwirtschaft, Arbeitsgruppe 800 Jahre Hafen und Hamburg, Hamburg (1)
Contrans Gesellschaft für Übersee-Behälterverkehr mbH, Hamburg (1)
Hafen Hamburg (13)
Hamburg Information (1)
Kombinierter Verkehr USA, Hamburg 1965 (1)
Axel Springer Verlag AG, Hamburg (3)
Zeitschrift »TRANSPORT DIENST + Wirtschafts-Correspondent« Hamburg (9)
Archiv Verfasser (6)
Fotos vom Verfasser (18)
Via Port of New York, published by The Port of New York Authority, August 1963 (1)
»Deutsche Schiffahrt in Wort und Bild« von Hans Bohrdt, Druck und Verlag von A. Molling und Comp. Hannover, ca. 1900 (3)
»Alt Hamburg – Bilder einer alten Stadt« von Harald Busch, Verlag Broschek und Co., Hamburg 1939 (8)
»Zwischen Binnenalster und Baumwall«, nach Originalbildern aus dem Museum für Hamburgische Geschichte, Verlag »Das Topographikon« Rolf Müller, Hamburg 1957 (2)
»Hamburgs Weg zum Welthafen« von Bernhardt Meyer-Marwitz, Verlag Okis (heute: Jugend Presse GmbH), Dr. Karl Josef Sattelmair, Hamburg 1960 (15)
»Der Freihafen« von Walter Emmerich, Verlag Okis (heute: Jugend Presse GmbH), Dr. Karl Josef Sattelmair, Hamburg 1960 (4)
»Der Hafen« von Friedrich Böer, Schiffahrts-Verlag Hansa, C. Schroedter und Co., Hamburg 1959 (6)
»Die deutschen Segelschiffe« von Konrad Tegtmeier, Bibliographisches Institut Leipzig, 1936 (1)
Seiten 85 bis 87: aus einem Prospekt der HADAG, Hamburg
Luftbild-Freigaben:
Seite 108: La Hamburg 359377; Seite 113: Hamburg 1198/80;
Seite 125: Bremen EL 88-0329/1

CIP-Titelaufnahme der Deutschen Bibliothek

Im Auf und Ab der Gezeiten: die wechselvolle Geschichte des Hamburger Hafens/Helmut F. H. Hansen. Bildred. u. Bildtexte von Karl-Theo Beer. – Herford: Koehler, 1989
ISBN 3-7822-0472-7
NE: Hansen, Helmut F. H. [Mitverf.]

ISBN 3782204727; Warengruppe Nr. 41

Schutzumschlaggestaltung: Regina Meinecke, Hamburg, unter Verwendung der o. g. Abbildungen
Produktion: Heinz Kameier und Jörn Heese
Gesamtherstellung: Brühlsche Universitätsdruckerei, Gießen
Printed in Germany

Inhaltsverzeichnis

Prolog

»Wir haben keinen Adel, keine Patrizier, keine Sklaven, ja nicht einmal Untertanen. Alle wirklichen Hamburger kennen und haben nur einen einzigen Stand, den Stand eines Bürgers. Bürger sind wir alle, nicht mehr und nicht weniger.«

J.K.D. Curio, 1803 über Hamburg

Nicht allzu viele Hamburger werden im Jahre des 800. Geburtstages ihres Hafens neugierig fragen, was denn wohl an Elbe und Alster los war, als man das Jahr 1189 schrieb.

Den meisten wird genügen zu wissen, daß es damals einen Kaiser gab, Barbarossa genannt, der den Hamburgern ein »großes Privileg« verlieh, das, mit allerlei Rechten versehen, wohl auch Anlaß für die noch heute benutzte Bezeichnung »Freie und Hansestadt Hamburg« ist, was (wie wir später sehen werden) zwar nicht stimmt, aber der Überzeugung selten Abbruch tut.

Es gab und gibt auch Leute, die der Erzählung glauben, der Kaiser habe die Urkunde in Neuburg zwar persönlich unterschrieben, doch der Schauenburger Graf habe das Original verschlampt. Andere wiederum sind überzeugt, daß das »große Privileg« eine Fälschung ist, die Rechte der Elbhanseaten also seit 800 Jahren auf mehr als wackligen Füßen stehen. Doch auch das ist im Grunde genommen ohne nennenswerte Bedeutung, weil die Hamburger die Rechte des Privilegs – wenn auch in der einen oder anderen Krisenzeit von Feinden ignoriert, manchmal aber auch nur fast vergessen – über die Jahrhunderte immer wieder durchsetzten, ausbauten und damit der republikanischen Stadt ihre bedeutende Stellung sicherten. Eine Bedeutung, die bis in unsere Zeit weitergegeben wurde.

Als am 7. Mai 1189 in Neuburg a.d. Donau – im schönen Bayernland – der Schauenburger Graf Adolf III. und treue Vasall seines Kaisers Friedrich I.(Barbarossa) weitgehende kaiserliche Rechte für die in Bau befindliche »Neustadt« (einschl. des neuen Hafens) der reichsunmittelbaren Stadt, deren Lehensherr er ist, erbittet, zeigt sich Friedrich – mit seinen Gedanken wohl schon auf dem Kreuzzug nach Palästina – großzügig. Er gibt dem Grafen, was dieser erbeten hatte. Und das liest sich so (für die Richtigkeit der Geschichte wird ebenso wenig wie für Übersetzungsfehler gehaftet):

»Wir, Friedrich, von Gottes Gnaden Kaiser der Römer und allzeit Mehrer des Reiches, tun hiermit allen, die jetzt oder künftig leben, kund und zu wissen:

1. Daß wir auf die Bitte unsers lieben und getreuen Grafen Adolf von Schauenburg seinen Bürgern, die in Hamburg wohnen, gewähren und zugestehen, mit ihren Schiffen, Waren und Leuten vom Meere bis an die besagte Stadt frei von allem Zoll und aller Ungeldforderung hin zurück zu verkehren.

2. Wenn sie aber einiges Gut, das Gästen gehört, mitgebracht haben, dann sollen sie einen geeigneten Boten nach Stade schicken, der den Zoll auf seinen Eid nach der Menge der Waren bezahle. Wenn es aber den Zöllnern dünkt, daß dieser in irgend einem Stücke den Zoll versäumt habe, dann möge er ihm nach Hamburg folgen, damit der Übeltäter nach dem Recht Genugtuung leiste und dafür büße.

3. Und in dem ganzen Gebiet des besagten Herrn Grafen befreien wir die Bürger vom Zoll und der Forderung jeglichen Ungeldes.

4. Und wir geben ihnen die Freiheit, daß niemand eine Burg bei ihrer Stadt bauen darf, zwei Meilen in der Runde.

5. Und die Fischerei dürfen sie ausüben auf dem Wasser, so da Elbe benannt wird, zwei Meilen weit auf beiden Seiten der Stadt. Ebenso sollen sie die Macht haben, auf dem Flüßchen, so da Bille heißt, eine Meile weit Fische zu fangen.

6. Welche Güter aber auch die Bürger dieses Ortes in dem Gebiet ihres oftgenannten Herrn gekauft oder erworben haben, sei es an Holz, Asche und Getreide, und auf Wagen oder Schiffe geladen haben, diese Güter darf niemand mit Beschlag belegen oder zurückhalten, wenn es nicht durch gute Zeugen offenbar ist, daß sie hinterher ein Verbrechen begangen haben.

7. Die Weide aber dürfen sie so benutzen, daß ihr Vieh morgens hinauszieht und abends wieder heimkehrt.

8. Wir haben aber beschlossen, daß sie freien Holzschlag in jenem Lande haben und die Mast der Waldbäume wie bisher frei gebrauchen.

9. Was man aber bei Bier, Brot oder Fleisch verbricht mit unrechtem Maß, von den Einkünften der Strafen, die davon fallen, soll das eine Drittel dem Richter, aber die beiden anderen Drittel der Stadt gehören.

10. Wenn aber jemand in der Stadt selbst Geld wechseln will, so darf er das getrost tun, wo er will, es sei denn vor dem Hause der Münze. Sie sollen auch Vollmacht haben, die Pfennige der Münze auf Gewicht und Reinheit zu prüfen.

11. Wir gestehen ihnen auch zu, daß die Bürger von aller Heerfahrt frei sind, ebenso auch von der Verteidigung des ganzen Landes.
Damit alles hier vorher Gesagte auf immer in Kraft bleibe, haben wir diese Urkunde mit unserem Siegel bestätigen lassen.
Zeugen sind: Heinrich von Wida, Heinrich von Hertisburg, Graf Hermann von Altindorp, Graf Thippold von Lechsgemunde und verschiedene andere.
Gegeben zu Neuburg an der Donau im Jahr der Fleischwerdung des Herrn 1189, im dritten Jahr der Römerzinszahl, am 7. Mai.«

Die Heimat sieht der Kaiser, dem die Hamburger viel verdanken, nicht wieder. In Kleinasien ertrinkt er im Flüßchen Saleph. Will man den Historikern glauben, dann schrieb man Sonntag, dem 10. Juni 1190, als der greise Kaiser sich von der Welt verabschiedete, um bald als Legende in die Märchenbücher der Deutschen einzuziehen.

Die Zeit davor

Als man sich in Neuburg a.d.D. trifft, ist Hamburg seit seiner »Gründung« Anfang des neunten Jahrhunderts schon viele Male zerstört und wieder aufgebaut worden. Die einen sprechen von sieben, andere von noch mehr Eroberungen mit Mord, Plünderung, Brandschatzung und Sklavennahme. Die letzte große Zerstörung findet 1072 durch den Wendenfürsten Kruko statt, der nahezu dreißig Jahre Herr der Stadt bleiben soll. Eine für die Hamburger nicht gerade angenehme Zeit, es sei denn, sie waren Slaven, welchen Stammes auch immer. Vielleicht war es auch ganz anders, soll es doch Zeiten gegeben haben, wo noch keine Rolle spielte, woher man kam.

Was geschieht in den rund 380 Jahren seit der Gründung der Christenbastion Karls des Großen gegen Dänen und Slawen noch Wichtiges? Nun, die Zeiten sind überwiegend turbulent, wenn auch Phasen friedlichen Aufbaus und erfolgreicher Weiterentwicklung die Jahrhunderte mitbestimmen. Hamburg ist Grenzstadt, und nicht nur Friesen und Sachsen siedeln zwischen Alster und Elbe, sondern auch Slawen – wie die Obotriten – bewohnen zusammen mit Dänen die doch recht bescheidene Ansiedlung, die trotz Burgen- und Kirchenbau in der Auseinandersetzung zwischen Christen- und Heidentum immer wieder das Opfer widerstreitender Interessen wird. Und gleichgültig ob Normannen oder Slawen eine Plünderung Hamburgs für profitversprechend ansehen, den Betroffenen ist gleich, welchem Räuber sie in die Hände fallen.

Daran ändert auch die Tatsache wenig, daß Kaiser Ludwig der Fromme 831 das Erzbistum Hamburg »stiftet«. Den Heiden ist das – soweit es um den Glauben geht – sicher ziemlich egal. Und sonderlich beeindruckend sind manche Christenführer ohnehin nicht. So eignen sich die hamburgischen Erzbischöfe offenbar nicht als Märtyrer und standhafte Vorbilder ihres Glaubens. Selbst der große Ansgar zieht die Flucht vor, als die Normannen 845 Hamburg verwüsten. Und dabei wäre er so gerne als Märtyrer Christi in die Kirchengeschichte eingegangen.

Die Frage, ob man seinerzeit bei einer Flucht aus Hamburg (und es wurde oft geflohen) den »Hafen« anreiten, über eine Gangway an Bord gehen und der ungastlich gewordenen Stadt ungefährdet auf Schiffsplanken den Rücken kehren konnte, ist nicht zu beantworten. Sicher ist nur, daß die Wasserwege damals die wichtigste Verkehrsverbindung darstellen. Leider nicht nur für friedliche Vorhaben, sondern

Meisterwerke des Schiffbaus waren die seetüchtigen Boote der Wikinger im ersten Jahrtausend n. Chr. Spitzgatboote mit überlappenden Eichenplanken, Ruderantrieb und einem rechteckigen Segel.

vor allen Dingen auch für die brandschatzenden und mordenden Normannen (wie man seinerzeit alles nannte, was aus dem Norden kam), die sich ihren kargen Lebensunterhalt weitgehend durch Raub und Beute »verdienten«. Und das setzt selbstverständlich den Besitz seegängiger Fahrzeuge voraus. Wer kennt sie nicht, die Furcht und Schrekken verbreitenden Schiffe mit ihrem hochaufragenden Drachen- oder Schlangenbug. 845 umzingelt eine Flotte von vielen hundert Booten die Stadt, und die Krieger tragen Brand und Verwüstung in die Mauern der gerade erst wieder neu entstandenen Stadt.

Nun sind die Boote und Schiffe der damaligen Zeit noch nicht auf einen künstlichen Hafen mit festen Kaimauern angewiesen. Die flachgehenden Fahrzeuge kommen mit den vorhandenen natürlichen Buchten und flachansteigenden Ufern aus. Es scheint aber zu dieser Zeit (um 840) bereits eine Art »Kaianlage« gegeben zu haben, und es werden die ersten Koggen in Hamburg gebaut. Am festen Nordufer des Reichenstraßenfleets gibt es eine ca. 120 m lange Schiffslände und eine sechs Meter breite, aus Klobenhölzern gefügte Anlegestelle. Das wenigstens haben die Archäologen herausgefunden. Schiffe und Boote können für die Reparatur aufgeslipt werden. Also doch schon ein echter »Hafen«. Die beutesuchenden Normannen werden ihn allerdings kaum benutzt haben. Dagegen spielt er für die Kauffahrteischiffahrt wohl eine Rolle. Und sicher besteigen auch die christlichen Missionare dort die Boote und Schiffe, die sie zu jenen Völkern bringen, denen sie die Botschaft des christlichen Glaubens überbringen wollen. Bequem ist diese Art des Reisens allerdings nicht, und mit der Sicherheit ist es auch nicht sonderlich gut bestellt. Übrigens, wenn man den schon zitierten Archäologen glauben darf, dann gibt es Mitte des neunten Jahrhunderts sogar schon eine abgeschlossene Siedlung der Schiffskaufleute, und zwar westlich von der Klosterbefestigung.

Die Geschichte der Jahrhunderte schildert die unveränderte Situation einer Grenzstadt, die im Schnittpunkt unterschiedlicher Völker und Rassen und gegensätzlicher Machtinteressen einerseits wichtige wirtschaftliche und kulturelle Funktionen erfüllt, andererseits aber Neid und Mißgunst, verbunden mit kriegerischer Aggression, auslöst. Die Überfälle auf die Stadt gehen mit schöner Regelmäßigkeit weiter.

Dennoch hält sich die Stadt, ja wird trotzdem immer bedeutender. Und immer wieder werden die Privilegien des Bistums und der Stadt von den Päpsten, den regierenden Königen und Kaisern bestätigt, kämpfen die Hamburger um ihre Rechte mit den Lehensherren.

Wie die Stadt verwaltet wurde, wissen wir. Für das Jahr 961 stellt ein Historiker unseres Jahrhunderts fest: »Hamburgs bürgerliche Verwaltung, wie die aller durch die deutschen Kaiser gegründeten Städte, ausgeübt durch vom Kaiser ernannte Grafen (Vögte), unterstützt durch von den Bürgern selbst gewählte Schöffen, wird in diesem Jahre dem Grafen von Billing übergeben.« Wie man sieht, hat man es schon damals mit einer etablierten Verwaltung zu tun, die sich offenbar erfolgreich für die Interessen der Stadt einsetzt. Das Berufsbeamtentum macht sich auf den Weg.

Fünfunddreißig Jahre vor Vollendung des ersten Jahrtausends unserer Zeitrechnung kommt sogar ein Papst nach Hamburg, allerdings als Gefangener von Kaiser Otto I. Es ist Papst Benedict V., Gegenpapst des von Otto eingesetzten Leo VIII. Er verbringt seine letzten Tage in Hamburg, stirbt noch im gleichen Jahr, wird den Aussagen der Altvorderen nach im Dom begraben und darf 999 als Leichnam das klimatisch sicher nicht sehr geschätzte Hamburg verlassen, um in Rom seine letzte Ruhestätte zu finden. Der Gelehrte Zacharias Conrad von Uffenbach meint in seinen »Merkwürdigen Reisen durch Niedersachsen, Holland und Engelland« aus dem Jahre 1753, zur »vorletzten« Ruhestätte: »Das Monument von Benedicto Papa, so hierinnen, ist nicht von blauem Stein, sondern als wir den Staub und Koth etwas abgewischet, sahen wir, daß es von roth und grün gefärbter gebrannter Erde, nach Art von Ziegelsteinen, seye.«

Das »Auf und Ab« hamburgischer Stadtgeschichte hält an. Der Zerstörung folgt der Wiederaufbau. Ein Erzbischof löst den anderen ab, und viele Kaiser machen Geschichte. Bis 1189 insgesamt neunzehn an der Zahl. Die alten Hamburger Geschichtsbücher erzählen viel über Kirche und Kirchenpolitik, über Fürsten und ihre Kriege, hingegen leider wenig über Handel und Wandel in dieser Zeit. Dennoch können wir ganz sicher davon ausgehen, daß sich trotz der oft unsicheren Zeitläufe auch Schiffahrt, Hafen und Handel weiter

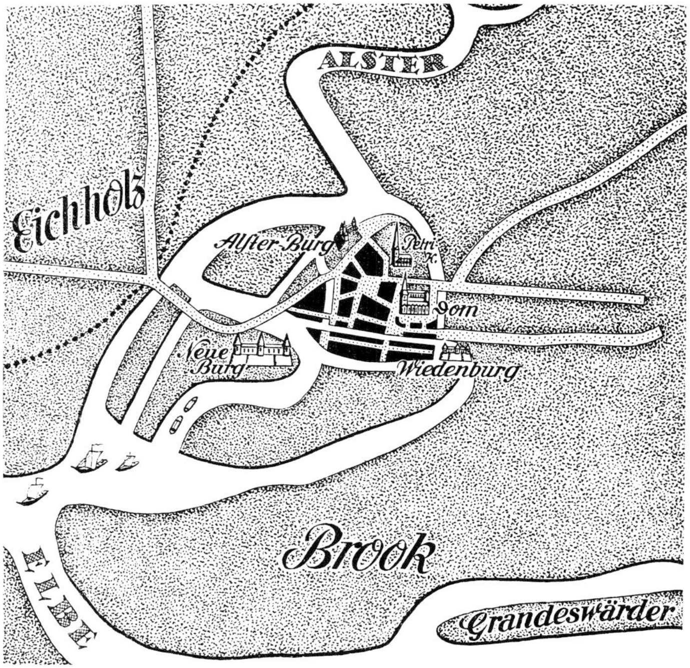

Hamburg um das Jahr 1000. Der ersten Niederlassung gegenüber ist bereits die Neue Burg errichtet.

entwickeln und im Leben der Stadt eine wichtige Rolle spielen.

1106 wird zum wichtigen Datum hamburgischer Frühgeschichte. In diesem Jahr stirbt der letzte Billinger, Herzog Magnus. Sachsen mit Hamburg fällt an das Reich zurück und wird von Kaiser Heinrich V. an den Grafen Lotharius von Supplimburg verliehen. Dieser wiederum gibt Holstein und Stormarn, wie Hamburg, an den Grafen Adolf I. von Schauenburg (oder Schaumburg). Mit Adolf I. beginnt das für Hamburg insgesamt positive Regiment der Schauenburger. Stadt und Wirtschaft prosperieren kontinuierlich, und das trotz mancherlei Unbilden. Dem ersten Schauenburger folgt 1130 der Sohn, Adolf II., der sein Leben 1164 bei einer Fehde mit dem Wendenfürsten verliert und die Lehensherrschaft seinem unmündigen Sohn, Graf Adolf III., vererbt. Dieser, der klugen Regentschaft seiner Mutter vorläufig untertan, ist dann auch jener Mächtige, dem die Hamburger die kaiserlichen Gnaden verdanken.

Nun glaube keiner, die »Erbfolge« der Schauenburger sei so ganz ohne Probleme verlaufen. Im Gegenteil, der Streit der Fürsten trifft auch die Schauenburger. Ganz besonders den dritten Adolf, der sich mit Heinrich dem Löwen verkracht und von diesem 1178 aus Hamburg vertrieben wird. Erst als Barbarossa 1180 zu Würzburg über den Braunschweiger Löwen die Reichsacht verhängt und sich dieser ein Jahr später unterwerfen muß, kann Adolf III. sein Lehen wieder übernehmen. Von 1182 bis 1185 nach England verbannt und 1188 vor die Wahl gestellt, am Kreuzzug teilzunehmen oder wieder in die Verbannung zu gehen, entscheidet sich der streitbare Welf für den Ungehorsam. Und kaum teilt Graf Adolf das Feldlager mit dem Kaiser auf dem Wege ins Heilige Land und hat in Neuburg a.d. Donau gerade für sein »neues Hamburg« das große Privileg der Gnade des Herrschers entrissen (wenn es denn stimmt), da taucht der Welfenlöwe – aus England kommend – wieder in Norddeutschland auf und macht sich auch in Hamburg breit.

Als Adolf 1190 den Hamburgern das kaiserliche Privilegium von 1189 bestätigt, gehört ihm die Stadt also schon nicht mehr. Aber auch der Löwe bleibt für Hamburg Episode, denn schon 1192 erobert sich der aus Palästina kommende Schauenburger die Stadt zurück. Und da der Braunschweiger Heinrich im Jahre 1195 stirbt, kann der Graf beruhigt auf einen weiteren Kreuzzug gehen, und zwar diesmal mit dem Erzbischof Hartwig II. Bedauerlich nur, daß mit dem Ableben des Löwen die machtvoll ordnende Hand des bedeutendsten norddeutschen Fürsten dem politischen Mittelmaß und der Unsicherheit Platz macht. Kein gerade glücklicher Beginn für das große Privilegium!

Die Welt des 12. und 13. Jahrhunderts

Für den Seeverkehr ist die Welt gegen Ende des zwölften Jahrhunderts noch relativ klein. Das gilt auch für Hamburg und seinen Hafen. Schließlich ist die den Europäern bekannte Welt begrenzt, und der überseeische Außenhandel jener Tage hat wenig zu tun mit dem, was man sich heute darunter vorstellt. Weder die Neue Welt noch Australien sind entdeckt, und kein Kapitän käme auf die Idee, den direkten Weg nach Indien über das offene Meer zu suchen. Das bleibt dem berühmten Christopherus Columbus überlassen, der 1494 das Wagnis unternimmt, den direkten Schiffahrtsweg nach Indien zu segeln, und vor der Küste der »amerikanischen Taille« auf Land stößt, nämlich an den Inseln Kuba und Haiti.

Selbst große Teile Afrikas sind ebenso wie der ferne Osten eine »terra incognita« und im wesentlichen der Stoff für Märchen und Schauergeschichten. Viele Leute – besonders Christen – glauben selbst im zwölften Jahrhundert noch, daß die Erde wie ein Teller aussieht; Fortgeschrittene hingegen bevorzugen den Ptolemäus, der zwar schon davon ausgeht, daß die Welt eine Kugel ist – allerdings fest im All verankert und von der Sonne umrundet. Geozentrisches Denken nennt man das heute. Was die Hamburger mehrheitlich glaubten, ist leider nicht überliefert. Wahrscheinlich glaubten sie vor allen Dingen an den Wert guter Geschäfte.

Nichts spricht auf Grund der geschilderten Situation gegen die Annahme vieler Historiker, daß sich Schiffahrt und Handel Hamburgs Ende des zwölften Jahrhunderts in noch engen geographischen Grenzen bewegen. Dabei spielen die Elbe und ihre Nebenflüsse, wenn es um den Transport von Gütern und Menschen im Einzugsbereich der Binnen- und Küstengewässer geht, die wichtigste Rolle. Doch dieser Verkehr kommt nach wie vor immer noch mit einfachen Einrichtungen für die Be- und Entladung zurecht, und der Hafen ist eine bescheidene Sache, wenn auch die Zeichen der Zeit – wie man sehen wird – auf »Entwicklung« stehen und es nicht mehr lange dauern wird, bis der Begriff Hafen mehr als bislang auf Hamburg zutrifft.

Im Hamburger Schuldenbuch von 1288 wird auf Grund der Eintragungen von vier Handelsprovinzen Hamburgs gesprochen. Gemeint sind damit Flandern und Seeland, Holland und Friesland a.d. Zuidersee, das märkische Gebiet an der Mittelelbe und ihren Nebenflüssen und schließlich die Hamburg benachbarten Landschaften an der Niederelbe in Niedersachsen und Holstein mit Lüneburg, Lübeck und Bremen. Erstaunlich, was die Wissenschaftler aus einer begrenzten Zahl von Schuldeintragungen alles her-

Hamburg um das Jahr 1200. Die Burgen sind gefallen. Dafür erhebt sich jetzt dem erzbischöflichen Hamburg gegenüber die Nikolaikirche und – auf den inzwischen eingedeichten Alsterinseln – das neue Siedlungsgebiet der gräflichen Stadt. St. Katharinen ist hinzugekommen und beide Niederlassungen haben sich zum größeren Hamburg zusammengeschlossen.

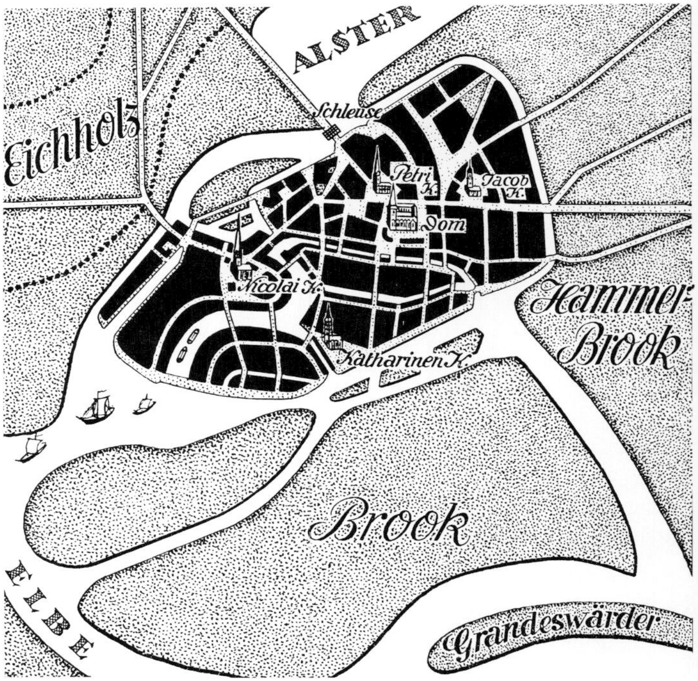

ausgefiltert haben, vermitteln sie uns doch ein gutes Bild davon wie die Handels- und Verkehrsbeziehungen an der Wende vom zwölften zum dreizehnten Jahrhundert ausgesehen haben.

Anzunehmen ist aber auch, daß solche Handels- und Verkehrsbeziehungen mit weiteren Städten und Ländern bestehen, die zwar im Schuldenbuch fehlen, gleichwohl als Partner vorausgesetzt werden können. Für den skandinavischen Raum ist davon auszugehen, daß hier vor allen Dingen die lübschen Kaufleute das Geschäft mit harter Hand regieren und die Konkurrenz auf Distanz halten. Interessant ist die Art der getätigten Geschäfte. Nach dem Schuldenbuch zu urteilen, sind es überwiegend Handelsgeschäfte, und zwar Ware gegen Geld. Doch gibt es auch den Tausch Ware gegen Ware. Gehandelt werden alle damals wichtigen Produkte wie Getreide, Forstprodukte, Textilien, Salz, aber auch Wein und Gewürze. Nichts spricht dagegen, daß sich Handel und Schiffahrt im Jahr des großen Privilegiums ebenfalls in der beschriebenen Weise abspielen.

Mit dem Beginn der zwar noch nicht überwiegend friedvollen Entwicklung, aber immerhin von umfassenden Zerstörungen freien Zeit verbessert sich die Gesamtsituation für Hamburg erheblich. Nach dem Dänenkrieg von 1201 (und anschließender 26jähriger Dänenherrschaft, die erst endet, als Adolf IV. von Holstein den Dänenkönig Waldemar II. vernichtend schlägt, kommt zunächst ein Mann des dänischen Königs ans Ruder: Graf Albert von Orlamünde.

Unter diesem Statthalter wird 1210 mit Lübeck ein Vertrag zum gegenseitigen Schutz der Kaufleute und Bürger geschlossen. In dieser Zeit ändert sich die Art der Handelspraxis. In schneller Folge vollzieht sich der Übergang vom früheren Wanderhandel zur Einrichtung eines festen Kontors mit schriftlicher Geschäftsführung des Kaufmannes. Diese Art der Geschäftstätigkeit setzt voraus, daß die Arbeit nicht mehr vom »Unternehmer« allein getan wird, sondern daß diesem jetzt Mitarbeiter zur Seite stehen.

Der »clarius« als schreibender Handelsgehilfe ist geboren, der hierzulande und niederdeutsch schlicht »klerk« heißt. Eine auch heute noch durchaus gebräuchliche Bezeichnung im Englischen, wo der Mann »Clark« genannt wird.

Nicht lange dauert es, bis sich bedeutende Handelsgesellschaften formieren und der Gesellschaftsvertrag die Bedingungen der Partnerschaft regelt. Und natürlich fehlen auch die »Bankiers« nicht, die schon damals u.a. den Beruf des »Wechslers« ausüben. Um die Risiken des Reedereigeschäftes in vertretbaren Grenzen zu halten, werden die heute noch üblichen Partenreedereien gegründet. Mehrere Kaufleute beteiligen sich an einem Schiff, um den vielen Gefahren der See: Schiffbruch, See- und Strandraub, Beschlagnahme, Preisverfall, Brandgefahr etc. etc. begegnen zu können, ohne gleich Pleite zu machen. Man sieht, gute Dinge halten sich Jahrhunderte und muten immer noch »modern« an. Nun, unsere Altvorderen waren eben schon kluge Leute! Doch wie sieht es um 1200 im Hamburger Hafen (der noch an der Alster und nicht der Elbe liegt) aus? Er ist trotz der strömenden Wasser der ihn versorgenden Flüsse ein »Saisonhafen«, der im allgemeinen in den Monaten Januar und Februar der Winterruhe pflegt. Eis oder Eisgang zwingen die Kähne, Schuten, die Kogge und den Koggen, Holks, Kraweelen und Ewer, sich mehr mit sich selbst als mit der Ladung oder mit Passagieren zu beschäftigen. Bei günstigem Wetter laufen die ersten Handelsschiffe Ende Februar/Anfang März aus (bei langem und strengem Winter oft auch erst im April), und kurz vor Weihnachten ist man wieder im Hafen, wenn nicht ein früher Wintereinbruch die Elbe schon eher unpassierbar werden läßt. Erst im ausgehenden neunzehnten Jahrhundert lernt der Mensch, das Eisproblem mit Hilfe der Dampfkraft zu lösen.
Über Art und Größe der Schiffe heißt es in einem Hamburger Geschichtsbuch der zwanziger Jahre dieses Jahrhunderts: »Der Koggen hatte kurze, gedrungene Bauart, rundes Vorder- und Hinterschiff, großen Laderaum und wegen der Watten einen flachen Boden. Vorn und hinten waren Kajüten, eine Annehmlichkeit, die schon 826 den Dänenkönig Halfdan veranlaßte, aus seinem offenen Schiff in Anschars Koggen überzusiedeln. Der Laderaum zwischen den Kajüten war offen, ohne Deck, höchstens mit Laufgängen neben der Reling versehen. Die späteren großen Koggen waren bis zu 80 m lang und faßten gegen 2000 Tonnen. Als Kriegsschiffe führten sie etwa 1000 Mann Besatzung und 100 Kanonen. Ein kleinerer Koggen hieß Holk. Der Name Ewer ist noch heute gebräuchlich und bedeutet entweder Einma-

Bis in den Anfang unseres Jahrhunderts belebte der Ewer das Bild des Hamburger Hafens und der Elbe.

ster oder noch wahrscheinlicher Eeenföhr (Einfahrer), weil zu seiner Bedienung meistens ein Mann genügte. Die Schute war schon in jener Zeit ein Leichterfahrzeug zum Rudern oder Fortstaken.« Die Kraweele werden als den Koggen ähnlich bezeichnet und man fuhr, so der Berichterstatter, »um 1200 mit diesen Schiffen kühn auf die Nordsee und zu den fernsten Meeren hinaus. Es wird berichtet, daß sächsische Seefahrer im östlichen Mittelmeer in der Levante erschienen und es heißt von ihrer Flotte: Die erstaunlich hohen Masten, mit purem Golde bedeckt, glänzten in den Strahlen der Sonne!« Wie poetisch konnte man früher doch die allgemeinsten Dinge beschreiben!

Weniger poetisch beschreibt der Autor des Buches »Der Hamburger Ewerführer im Wandel der Zeiten« jenes Schiff, das Jahrhunderte das Bild im Hamburger Hafen entscheidend mitbestimmt. Da heißt es: »Die Ewerführerei ist eine dem Hamburger Hafen eigene Form des Transportunternehmens.« Und an anderer Stelle: »Der Ewerführer erhielt seinen Namen von dem Schiff, das es für seine Arbeit benutzte. Es gehört zu den ältesten bekannten Bootstypen. Erstmalig taucht die Bezeichnung »Ewer« im Mai 1252 in einem flandrischen Zolltarif und 1299 im Hamburger Verpfändungsbuch auf.« Die Autoren des Buches berichten, daß man beim Bau des Seehafens von Brügge im Jahre 1899 ein Wattenfahrzeug fand, das vielleicht aus dem fünften bis siebten Jahrhundert stammt und das in seinen Formen und Abmessungen dem im hohen Mittelalter entlang der friesischen Küste und besonders an der Niederelbe gebräuchlichen Pfahlewer sehr ähnelt.

Zur Bezeichnung Ewer-ever-eever wird gesagt, daß sich der Name aus dem mittelniederdeutschen envar-eenvar ableitet. Doch zum Unterschied zur vorherigen Erklärung schreiben sie, daß nicht Einfahrer (mit einem Mann) die richtige Erklärung sei, sondern, daß »Vare« soviel wie Fahrzeug besagt, »een var« also ein Schiff, das unter nur einem Mast gesegelt oder gerudert wird. Über die Größe heißt es, daß die Ewer in jener frühen Zeit – ebenso wie später – verschieden groß sind; es gab solche von drei bis sechs Lasten, andere waren auf 20 bis 25 Lasten vermessen. 1393 besaß die Stadt Hamburg einen Ewer von 70 Lasten, was ungefähr 140 Registertonnen entspricht. Je nach Größe wechselt die Besatzungsstärke. 1543 hatte ein Hamburger Ewer 20 Mann an Bord mit 18 Remen oder Riemen zum Rudern des einmastigen Seglers. Die Abmessungen schwanken zwischen 5,0 bis 7,5 m Länge für den kleinen und 10 bis 15 m für den großen Ewer bei einer Breite, die etwa ein Drittel der Länge ausmacht, und einem recht geringen Tiefgang von 0,75 bis 2,0 m. Der »lutteke Evar« fand im Flußverkehr Verwendung, der »groote Evar« beförderte Frachten in Küstengewässern, machte aber auch Reisen über die Ost- und Nordsee, in den Atlantik bis zur Garonnemündung und nach Spanien.

1225 wird der Schauenburger, Graf Adolf IV., als Schirmherr von den Hamburgern »angenommen«, nachdem er der Stadt alle alten Privilegien einschließlich der inzwischen eingetretenen Veränderungen bestätigt hat. Auf diese legen die Hamburger naturgemäß stets großen Wert, mehr jedenfalls als darauf, wer sich als Lehensherr von Königen oder Kaisern und Schutzpatron der Elbhanseaten empfahl. Verständlich, wenn man berücksichtigt, daß die Hamburger kaum über genügend Kriegsmacht verfügen, um den Großen der damaligen Welt Paroli bieten zu können. Daß die Garantien oft mit erklecklichen Zahlungen in barer Münze verbunden sind, kann kaum verwundern, denn die ewig in Geldnöten steckenden Fürsten lassen sich Großmut und Rechtsgarantien gern gut bezahlen. Zu vermuten steht allerdings auch, daß Graf Adolf IV. selbst tief in seine Taschen greifen muß, als 1228 der Erzbischof die Altstadt (mit Ausnahme des Domes) an ihn abtritt. Zu sagen hatte der Kirchenfürst dort wahrscheinlich ohnehin kaum noch etwas.

Um 1230 präsentieren sich Stadt und Hafen bereits in neuem Gewande. Beide haben sich gemausert – verglichen mit dem, was uns aus dem ältesten Stadterbebuch (Liegenschaftsbuch) aus der Zeit kurz nach 1150 bekannt ist, als Hamburg noch ein winziges Städtchen ist, in welchem das Kaufmannsviertel unterhalb des alten Marktes liegt, wo sich an einer langen Straßenzeile am Wasser Schuppen und Speicher aneinanderreihen. Doch die langsam wachsende Stadt braucht neue Bauplätze. Und so schließt Adolf III. mit Wirad von Boizenburg (der es übernehmen wird, das Gebiet jenseits des S-förmigen Alsterarmes – die spätere

Die Hansekogge findet ihren Ursprung im holländischen Schiffbau. Der breite, plumpe Rumpf, an Bug und Heck gerundet und mit stumpfem Kiel, gaben den Schiffen geringen Tiefgang und ermöglichten den Verkehr in seichten Gewässern und Flußmündungen.

Neustadt – zu erschließen) schon ein Jahr vor dem Treffen mit Barbarossa in Neuburg an der Donau einen Vertrag. Während die Grundstücke an Siedler vergeben werden, schafft Wirad am krummen Alsterarm den neuen Hafen Hamburgs. Am Nikolaifleet baut er Liegeplätze für solche Schiffe, die zwischen der alten und der neuen Stadt anlegen, löschen und laden wollen. Schmale Wege führen da, wo jetzt Kajen und Deichstraße liegen, zu den Schiffen herab. Ein wichtiger Abschnitt in der Entwicklung des Hafens.

Jetzt wachsen auch die Handels- und Verkehrsbeziehungen der Stadt schneller. Diese Tatsache findet ihren beredten Ausdruck in der ständig steigenden Zahl von Handelsverträgen und Zollvereinbarungen, aber auch Schutz- und Beistandspakten der unterschiedlichsten Art. Noch in der ersten Hälfte des dreizehnten Jahrhunderts werden derartige Verträge mit Dithmarschen, den Einwohnern des Landes Wursten (Westfriesen und Hadeln), mit Wilhelm von Holland, dem Grafen von Cleve und dem Bischof Otto von Utrecht geschlossen. Diese Entwicklung setzt sich in der zweiten Hälfte des dreizehnten Jahrhunderts fort. Vertragsabschlüsse werden mit Margarete von Flandern, Herzog Albert von Sachsen, den Grafen Johann I. und Gerhard I., mit Bremen, der Stadt Hannover, dem Markgrafen Otto von Brandenburg, mit Herzog Otto von Braunschweig-Lüneburg, mit Philipp IV., König von Frankreich, sowie den Königen von Schweden und Norwegen getätigt. Ein mühsames Geschäft, das von den hamburgischen Verhandlungsdelegationen viel Geschick, aber auch materielle Gegenleistung verlangt. Doch wer Handel und Wandel treibt, braucht Sicherheit, und dafür zu investieren, ist Selbstverständlichkeit für den Kaufmann und Reeder des Mittelalters.

Dem neuen Selbstverständnis der Bürger und Kaufleute entspricht der Ausbau von vielerlei Rechten der Stadt bei der Münze und dem Zoll, im Stadtrecht, der Gesetzgebung und der Gerichtsbarkeit. Vermehrt wird Boden in der Umgebung angekauft. Die Stadt vergrößert sich ständig und nähert sich langsam ihrer späteren mittelalterlichen Form. Brachte früher die Elbe nicht nur Schiffe und Fortschritt, sondern auch Not und Elend, wird sie jetzt zur umfassenden Trägerin einer insgesamt positiven Entwicklung und ständig zunehmenden Bedeutung für das gesamte Umland. Allerdings handelt dieses Umland nicht immer sonderlich wirtschaftsfreundlich. Die Straßen werden unsicherer. Straßenräuber entwickeln sich zu einer rechten Landplage. So haben die Hamburger allerlei zu tun mit der Zerstörung von Raubschlössern und der Verfolgung von Räubern der unterschiedlichsten Art, deren Sinnen und Trachten darauf abgestellt ist, möglichst billig an die wertvollen Güter oder an zahlungskräftige Geiseln zu kommen, die die Wege von und zu den Märkten bevölkern. Zu den »Wegelagerern« zählen natürlich auch die Seeräuber, die auf dem Wasser ebenso geschickt agieren wie die Kollegen an Land. Kein Wunder, daß sich die Handel und Schiffahrt treibenden Städte immer stärker zur Abwehr der vielfältigen Gefahren zusammenfinden und schließlich die wohl mächtigste Organisation der Welt dieser Zeit aufbauen: die deutsche Hanse, die zum Sinnbild der Macht des Kaufmannes wird. Doch darüber später mehr!

Auf dem Wege zur »Großstadt«

Zunächst ein Blick auf die Landkäufe des vierzehnten Jahrhunderts. Die Stadt, aber auch die Bürger und vor allen Dingen das Kloster Harvestehude sind wohlhabend geworden und kaufen, was zu kaufen ist. Der Adel scheint gern zu verkaufen, denn sicher ist er zwar »reich« an Grund und Boden, aber arm an Bargeld. Nachfolgend eine kleine Kostprobe aus der Unzahl von getätigten Gebietskäufen: Klein-Borstel, Eilbek, Barmbek und die Alster; Teile von Hamm; Alsterdorf und Borstel; Langenhorn, Eimsbüttel und Eppendorf; Ohlsdorf und Farmsen; Winterhude, Ottensen und Othmarschen, Moorwärder, Billwärder und Moorburg, Lokstedt und Niendorf und Ochsenwärder. Nun wird natürlich nicht nur einmal ver- und gekauft, sondern (wie noch heute) immer und immer wieder. Doch eines zeigt sich schon damals deutlich: Aus der ständig gefährdeten Grenzstadt ist ein bedeutender Stapel- und Handelsplatz geworden, dessen Bürger – wie der Rat – Immobilien »intra« und »extra muros« erwerben.

Woher aber kommen Wohlstand des Bürgers und der Stadt? Nun, nicht zuletzt die Kreuzzüge haben das Blickfeld der Kaufleute erweitert. Man weiß mehr über die fernen Länder und die Möglichkeiten des Handels mit ihnen. Und schon damals gilt, was noch heute gültige Geschäftsweisheit ist: Wecke Bedarf und stille ihn! Aus dem Pfundzollbuch, einer Zusammenstellung der Ausfuhrerzeugnisse und deren Werte, wissen wir, wie der Hamburger Handel in der ersten Hälfte des vierzehnten Jahrhunderts ausssieht. Und was den Hafen angeht, können wir dem Pfundzollbuch von 1369 alle Wareneinzelheiten über die Seeausfuhr über den Hafen Hamburg entnehmen: Getreide, Heringe, Schweine, Schweinefleisch, Butter, Malz, Honig und Nüsse.

Das weitaus bedeutendste Ausfuhrgut aber ist das Bier, das den Wert aller anderen Güter zusammen übertrifft. In den alten Büchern ist nachzulesen, daß in der Nähe des ältesten Hafens Hamburg der Hopfenmarkt entstand, ein Beweis – wie man meint –, daß die Biererzeugung und -ausfuhr von hervorragender Bedeutung ist. Das Hamburger Bier wird bald so berühmt, daß andere Bierstädte ihre Erzeugnisse angeblich erst nach Hamburg transportieren, um sie dann, inzwischen zu »Hamburger Bier« geworden, weiter zu verkaufen. Auch diese Art Geschäfte soll es noch heute geben. Und so ist das Bierbrauen zum wichtigsten Gewerbe geworden, und die Böttcher bilden die größte Handwerkergruppe. Wie gut, mag da mancher sagen, daß damals keiner auf die Idee kam, die »Prohibition« einzuführen. Wie hätten sich die Umschlagszahlen entwickelt, wenn man nicht mehr das nahrhafte Gebräu Bier hätte exportieren können?

Für die Sicherheit des zunehmenden Seeverkehrs läßt man sich einiges einfallen, und das nicht nur in Hamburg, sondern bis zur Elbmündung, wie z.B. den Wehrturm auf Neuwerk. 1310 noch auf einem Fundament aus Steinen in Holz ausgeführt, wird er schnell zum Wahrzeichen für die Verteidigung der Elbmündung gegen Seeräuber oder Angreifer vom Festland. 1377 massiv in Backsteinen errichtet, weist er mit seinem ständig unterhaltenen offenen Feuer den Schiffen nun die Route zwischen den Untiefen in der breiten Mündung des Elbstromes auf dem Wege nach Hamburg.

Selbst den seewärtigen Transit gibt es damals ebenso wie den Binnenhandel mit Leinwand und Tuch, Wachs und Pelzwerk, Salzheringen, Salz und anderen Produkte, die das Geschäft beleben. Doch wie sollte es anders sein: Je mehr der Handel an Umfang zunimmt, desto zahlreicher werden die Straßenräuber und Piraten. Nicht nur sie lösen die Plagegeister früherer kriegerischer Überfälle ab. Eine der schlimmsten Geißeln der Menschheit, die Pest macht sich auf die Reise nach Europa. Mitte des vierzehnten Jahrhunderts grassiert sie mehrmals in Hamburg und rafft große Teile der Bevölkerung dahin. Sie wird noch öfter wiederkehren und bösartige »Schwestern« bekommen, die ihr an Furchtbarkeit wenig nachstehen. 1892 ist es die Cholera, die ein letztes Mal den Hamburgern zeigt, wie gewaltig die Macht dieser Seuchen ist.

Wenn Hamburg trotz Pest und Cholera, Kriegen und Räubereien längerfristig eine günstige Entwicklung nimmt, dann verdankt es diese Tatsache nicht zuletzt jener Städtevereinigung, die als »Hanse« Geschichte schreibt. Natürlich wird die Hanse nicht als fertige Idee in die Welt gesetzt. Sie entwickelt sich langsam, und zwar überall dort, wo Handelswege durch Räuber und Piraten gefährdet sind, wo den

Um 1300 entstand der hamburgische Wehrturm auf der Insel Neuwerk. Noch heute ist dies, später als Leuchtturm dienende älteste Hamburger Bauwerk erhalten.

Handels- und Kaufleuten Verluste drohen. Die zunächst nur ein begrenztes Gebiet abdeckenden Abwehrmaßnahmen werden allerdings erst zur »Großmacht Hanse« zusammengefaßt, als bereits ein engmaschiges Netz von Verträgen vieler Städte eine einheitliche Ordnung zwingend notwendig macht. Die einzelnen Hansen streben nicht nur nach Verkehrssicherheit und Freihandel, sondern ebenso nach landsmännischen Vertretungen im Ausland und heimischen Rechtsnormen und Vorrechten in ihren Niederlassungen.
Schon Mitte des zwölften Jahrhunderts heißt die Handelsgemeinschaft Kölner Kaufleute, die in London ein eigenes Haus besitzt, »Gilde« oder auch »Hanse«. Hundert Jahre später erscheint eine »flandrische Hanse«, von flämischen Kaufleuten gegründet. Und so gehört denn auch der 1204 von den Hamburgern mit Dithmarschen zum Schutz ihrer Kaufleute geschlossene Vertrag in die Reihe der vielen Verträge, die einerseits den Handel erleichtern, andererseits die Gefahren des Geschäftes minimieren sollen und so als Vorläufer des künftigen großen Städtebundes angesehen werden können.

Die Zeit der Hanse

1241 wird zwischen Hamburg und Lübeck der Vertrag zur Beförderung des Handels und gegenseitigen Schutzes und Beistandes geschlossen, der von manchen Historikern als der »muthmassliche« Anfang des »später so mächtigen Bundes der Hansa« angesehen wird und dem 1258 auch Bremen und 1259 die »wendischen Städte« Rostock und Wismar beitreten. Andere teilen diese Meinung nicht, hat doch der 1241 geschlossene Vertrag zunächst noch keine Bedeutung für den Seehandel. Und dennoch läutet er bereits die große Zeit der »Lübschen Hanse« sowie die Ausweitung des Handels mit Faktoreien und Niederlassungen ein. Die Gründungen der Lübschen Hanse folgen Schlag auf Schlag: London 1250, Brügge 1252, Nowgorod 1272 und Bergen 1278.

Ziel ist es, »den Schutz und die Ausbreitung des Handels im großen durch gegenseitige Gewährung von Zollfreiheiten mittels Erwerbung von Marktmonopolen in gewissen Ländern durch wechselseitige Verteidigung der Land- und Wasserstraßen sowie Schlichtung der Streitigkeiten durch Errichtung eines Schiedsgerichtes und Ausübung des Strafrichteramtes bei Vorkommnissen der Mitglieder unter sich oder mit Fremden zu erreichen«. Wie man sieht, erlaubt die erreichte Machtstellung den lübschen Kaufleuten, in eindeutigen Worten auszudrücken, was sie wollen.

Trotzdem vergehen noch weitere hundert Jahre, bis jene alle Hansen umfassende Hanse sich aufmacht, Europa zu beherrschen. Hamburg tritt ihr »offiziell« bei, als sich die Vertreter aller Hansestädte am 28. Oktober 1347 im Remter des Karmelitenklosters zu Brügge versammeln. Es sind »de gemenen Koplüde uten Römischen Rieke van Alemanien«. Bei diesem Treffen wird auch die Grundstruktur des großen Bundes festgelegt: Je ein Drittel der Stimmen stellen die Regionen Lübeck mit den Wendischen Städten und Sachsen (u.a. Hamburg, Lübeck, Bremen, Lüneburg und Stade), Westfalen und Preußen, sowie Gotland, Livland und Schweden. Die westfälischen Städte Münster, Dortmund, Soest, Minden und Lemgo hatten sich schon 1260 zur »westfälischen« Hanse vereinigt.

Erst 1358 erscheint – angeblich – der Name »Hanse« erstmalig für die Gesamtheit des Städtebundes auf einer Versammlung zu Lübeck. Gesprochen wird nun von der »Dudeschen Hanse«, also der deutschen Hanse. Doch wann auch immer der Name offiziell das erste Mal feststellbar ist, der Inhalt der Verträge zwischen den verschiedenen Städten ist schon vorher »hanselike«. Auch in der deutschen Hanse bleibt Lübeck auf Grund seiner geographischen Lage an der Ostsee unangefochten die führende Stadt der Hanse, trotzdem wächst Hamburg – wenn auch langsam – in seiner Bedeutung, die allerdings von Anfang an »Nordsee-orientiert« ist.

Noch einmal zurück in das dreizehnte Jahrhundert. 1270 ist ein bedeutendes Jahr für die Rechtssicherheit in der Stadt Hamburg und damit auch für Handel, Verkehr und Hafen. Die bestehenden Gesetze, Rechte und Gewohnheiten werden zusammengetragen, geordnet, überprüft und in einem einheitlichen Stadtrecht, dem Ordeelbook zusammengefaßt. 1292 wird das Stadtrecht erneut revidiert, und zwar nachdem die Stadt das Recht der »Entwerfung und Wiederrufung« selbstgeschaffener Gesetze zugestanden erhält. Die Lübsche Hanse ist inzwischen zur bedeutenden Militärmacht geworden. 1284 führt sie Krieg gegen den norwegischen König und zwingt ihn, die Rechte der norddeutschen Seestädte anzuerkennen. Schwieriger ist es, dem teilweise verarmten Landadel in den Hamburg umgebenden Landgebieten, der räubernd durch die Lande zieht, Recht und Ordnung aufzuzwingen. Erst 1338 kommt es zum Landfrieden zwischen Hamburg und den Städten und Fürstenhöfen der Umgebung. Der Straßen- und Seeraub geht trotzdem weiter, da hilft es auch nicht, daß Karl IV. den Hamburgern 1359 die Vernichtung aller Land- und Seeräuber aufträgt.

Die deutsche Hanse wird zur ordnenden Großmacht ihrer Zeit. Als es 1367 gegen den Dänenkönig geht, stehen auf der Seite der deutschen Hanse – wie es heißt – 77 Städte, die mit Hilfe von 17 großen und 20 kleinen Kriegsschiffen den Dänenkönig besiegen (nachdem man sich das Mal davor blutige Köpfe geholt hatte) und ihn zwingen, als »Kriegsschuldlast« die Provinz Schoonen für 16 Jahre an die Hanse abzutreten. Es gibt in der Folgezeit viele Kriege (die die Hanse immer dann führt, wenn die Handels- und Verkehrsfreiheit der Hansen beeinträchtigt ist) und wohl noch mehr »Strafexpeditionen«.

Eine der wichtigsten Kriegserklärungen – beschlossen auf dem großen Hansetag 1398 in Lübeck – richtet sich gegen die Victualienbrüder, also die Ost- und Nordsee verunsichernden Seeräuber. Es wird ein Jahrhunderte dauernder

Auch in den Städten des Auslandes errichtete die Hanse ihre Handelshäuser. In Bergen die Kontore der deutschen Brücke, in welchen der gesamte Fischhandel Norwegens betrieben wurde.

Simon von Utrechts Kogge »Die bunte Kuh«. Mit diesem Schiff führte der Ratsherr 1401 bei Helgoland einen erbitterten Kampf gegen Piraten. Ein Großteil der Bande samt ihrem Hauptmann Störtebeker wurde gefangen genommen.

Krieg mit vielen Opfern. Man kann die wechselnden Erfolge dieses Kampfes ablesen an der Zahl jener, die auf dem Hamburger Grasbrook einen Kopf kürzer gemacht werden wie die Hauptanführer Claus Störtebeker, Wichmann, Gädecke Michelsen und Magister Wigbald sowie einige Hundert Gefolgsleute der Piratenhäuptlinge. Scheinbar ewig dauert der Kampf gegen die Seeräuber, und noch oft werden auf dem Grasbrook Köpfe abgeschlagen. So zwischen 1525 und 1527, als der Seeräuber Claus Kniephoff mit 74 Kumpanen gefangen genommen und alle Mann vom Leben zum Tode befördert werden. Doch selbst dann ist noch kein Ende abzusehen. Wohl 1624 werden auf dem Grasbrook ein letztes Mal drei Seeräuber hingerichtet. Insgesamt sollen mehr als 600 Seeräuber auf dem blutgetränkten Boden Haupt und Leben verloren haben.

Die Zeit der Hanse ist – fast selbstverständlich – auch die große Zeit der Kaufleute. Der Außenhandel und damit Schiffahrt und Hafen bestimmen weitgehend die Entwicklung der Stadt, und das trotz See- und Landräuberei. Die Handwerker, ehemals die wichtigste wirtschaftliche Gruppe, werden langsam aber sicher in den Hintergrund gedrängt. Ihre Macht schwindet. Der »königliche Kaufmann« übernimmt die politische Macht in der Stadt, und ein »Ehrsamer Rath« sieht in seinen Reihen nur noch Kaufleute, die aus ihrem Stand die Bürgermeister wählen. Erst zwei, später dann vier.

Kein Wunder, daß die Handwerker aufzumucken beginnen. 1375 kommt es zum Handwerkeraufstand wegen der hohen Steuern. Eine der Folgen: Es kommt zur Bildung der »Ämter«, wie die Zünfte jetzt in Hamburg heißen. Damit etabliert sich eine neue Macht im Stadtgefüge. Von dieser Zeit an werden sich die »Gewalten« (wozu später auch die Bürgerschaft gehört) in Hamburg ständig mit den Rechten und Pflichten des Rathes auseinandersetzen, und es wird viele »Rezesse« geben, um die Probleme immer wieder aufflammender Unzufriedenheit einzelner Gruppen friedlich (manchmal aber auch fast kriegerisch) zu lösen. Sicher ein gut Stück Demokratie, was sich hinter diesen Rezessen verbirgt, auch wenn durchaus lange noch nicht alle Einwohner »mitreden« dürfen. Ein Höhepunkt dieser Entwicklung ist ohne Zweifel die Verabschiedung der Hamburgischen Verfassung von 1860 (auch wenn sie noch nicht die letzte Verfassungsänderung ist).

1375 gründen die Flandern- und Englandfahrer die erste Gesellschaft der Fernhändler. Zwei Jahre später beendet der »wendische Münzverein« das Durcheinander von Münzprägungen der vielen Städte. Dem neuen Währungsverbund treten zunächst Hamburg, Lübeck, Lüneburg und Wismar bei, später folgen Rostock, Stralsund, Stettin und Hannover. Die Wirtschaft floriert und expandiert, besonders der Fernhandel. Die Gilde der Reichen (Kaufleute) stellt zwar nach wie vor den Rat, doch sind inzwischen wohlhabende Handwerker wie Gewandschneider und Brauer, jedoch auch Schiffseigner und -führer Mitglied der Gilde der Reichen geworden und damit »rathsfähig«!

Die Zeit der Hanse ist die Zeit der raschen Entwicklung der Schiffahrt und der Häfen. Sie ist, wie es ein Buchtitel formuliert, die »Zeit im Zeichen der Kogge«. Zu Recht, denn wer kennt es nicht, dieses hochbordige Schiff der Hansezeit, das wohl wichtigste Verkehrsmittel im Seeverkehr und – mit Kanonen ausgerüstet – auch trefflich geeignetes Kriegsschiff. Leider genauso für die Piraten. Befördert wird, wer oder was zahlt. Wie es scheint, auch Wallfahrer. Jedenfalls wird berichtet, daß Ende 1506 ein Hamburger Schiff auf der Heimreise vor der Elbmündung verunglückt und daß 80 Menschen – überwiegend Pilger – ertrinken.

Die Zahl der Schiffe und das Ladungsvolumen nehmen ständig zu. Dennoch bleibt der Hafen klein und beengt. Der Nikolaifleethafen, 1189 von Wirad von Boizenburg angelegt, ist der Anlandeplatz der kleineren Schiffe, und er bleibt es bis ins zwanzigste Jahrhundert. Hier fahren die Leichter, Ewer und Schuten ein, die Ladung von den auf Reede elbwärts, also westlich des Binnenhafens liegenden »Überseeschiffen« holen, und das in den Speichern lagernde Exportgut im Gegenzug längsseits bringen.

Wie es dort aussah, hat Prof. Bracker vom Museum für Hamburgische Geschichte in seinem Buch »Hamburg – von den Anfängen bis zur Gegenwart« anschaulich so beschrieben: »Hinter dieser noch lange Zeit aus dem Stadtbild ablesbaren »Seepforte des Elbegebietes« im wahrsten Sinne des Wortes entwickelte sich zwischen Deichstraße und Cremon bis zur Trostbrücke hinauf das hansische Marktwesen zu

Wasser und auf dem Lande. Alle wesentlichen Zentralfunktionen des Hafens waren hier angesiedelt: Waage, Kran und Zoll, welche alle Einfuhr- und Ausfuhrgüter nach einem streng gehandhabten Reglement passieren mußten. Für Streitfälle war sogleich das Niedergericht am Landeplatz zur Hand. Auch das Rathaus lag nur wenige Schritte entfernt gegenüber, falls besondere Genehmigungen einzuholen waren, alles nahe beeinander, auch der Bardowicker Gemüsemarkt neben dem Niedergericht und der Hopfenmarkt gleich hinter der Anlegestellte an der Holzbrücke.«
Über dieses »Marktwesen« berichtet das Buch »Die Hamburger Ewerführer«: »Fast das ganze Versorgungsgebiet Hamburgs lag in erreichbarer Nähe zahlloser Flüsse und Flüßchen. Daher zog früher tagtäglich elbabwärts von der Ilmenau her, also zur Hauptsache von Bardowick und Lüneburg, durch die Bille von den Vierlanden kommend,

Am 10. Juni 1402 wurden Störtebeker und 70 seiner Spießgesellen auf dem Grasbrook durch Scharfrichter Rosenfeldt hingerichtet. Zur Warnung steckte man die Köpfe am Elbufer auf Pfähle.

eine Flotte von Ewern zum Markt nach Hamburg. Hier begegnete sie den von der Unterelbe gekommenen Ewern. An den Liegeplätzen machten die Gemüse- und Obstewer neben denjenigen fest, die Getreide und Stroh brachten; Holz- und Torfewer versorgen die Bevölkerung mit Feuerung. Baumaterial wie Ziegelsteine, Muschelkalk, Kreide, Ton und in späterer Zeit auch Zement kamen mit Ewern ebenso nach Hamburg wie Molkereierzeugnisse und Schlachtvieh. Darüber hinaus fand der Ewer als Fährschiff Verwendung, um die Verbindung über die Elbe und zwischen ihren Nebenflüssen und deren Ufern herzustellen.« – Doch trotz des regen Verkehrs wird alles noch recht bedächtig abgelaufen sein, denn schließlich hat man viel Zeit, denn noch heißt es nicht »time is money«; steht »Technik« in diesen Zeiten doch nur selten und wenn, dann nur mit bescheidener Leistung zur Verfügung.

Wenn die Hamburger sich primär auch den Geschäften zuwenden, so lassen sie doch die politische und wirtschaftliche Unabhängigkeit der Stadt und ihrer Bürger nicht aus den Augen. So als 1482 Kaiser Friedrich III. das alte Recht bestätigt, daß kein Roggen und andere Getreidearten, dazu auch Mehl, Wein und Bier, elbabwärts an Hamburg vorbeigeführt werden dürfen. Und natürlich ist es kein Zufall, daß 1510 Kaiser Maximilian I. im Mai Hamburg (gegenüber den Dänen) zur »Kaiserlichen Freien Reichsstadt« erklärt. Eine wichtige Aussage, bleiben doch die Dänen Jahrhunderte, und das bis ins achtzehnte, die größte Bedrohung für die Selbständigkeit der Hafenstadt an der Elbe. Erst 1768 sind die Dänen – weil total verschuldet – bereit, Hamburg als »Kaiserliche Freie Reichsstadt« anzuerkennen. Natürlich gegen Erlaß aller Schulden, die man in Hamburg gemacht hat. Könige und Fürsten (einschließlich »ihrer« Staaten) sind eben selten »kreditorisch«. Auch Maximilian I. und die nachfolgenden Kaiser werden mit schöner Regelmäßigkeit veranlaßt, Erklärungen im Sinne Hamburgs abzugeben, so z.B. Ferdinand I., Maximilian II. und Ferdinand II. Wie die Gegenleistung jeweils aussah, ist nicht überliefert.

Das beginnende sechzehnte Jahrhundert schafft neue Organisationen des Handels. 1517 wird aus den Handelsgesellschaften der England-, Flandern- und Schoonenfahrer ein Kaufmannsrat gewählt, die »Börsenalten«. Es kommt zur Bildung des Commerciums, des Vorläufers der 1867 gegründeten Handelskammer. Der erste Hamburger Thaler wird 1519 geschlagen. Die Wasserstraßen in der Stadt werden durch den Bau von Schleusen (u.a. an der Millerntors- und Ellertorsbrücke) »geregelt«. 1558 entsteht der allgemeine Versammlungsort der handeltreibenden Einwohner, die Börse, unter Leitung der »Börsenalten«. Schon bald muß die Börse vergrößert werden und erhält einen darüber gebauten Börsensaal. Für den Hafen wird das Jahr 1560 zum wichtigen Datum. Die holländischen »Gastarbeiter«, leistungsstark in Deichbau und Fahrrinnenvertiefung, sorgen dafür, daß die Fahrrinne der Elbe näher an die Stadt herangeführt wird. Um zu verhindern, daß die Hauptströmung an die Süderelbe verlorengeht, durchstechen sie den Grasbrook und erreichen so, daß die Norderelbe in die unmittelbare Nähe der Stadt strömt. Auch das Stadtbild erfährt in dieser Periode eine Veränderung von Grund auf.

Hamburg um das Jahr 1600. Bis zum Dreißigjährigen Krieg hat sich die Stadt nur wenig vergrößert. Dem »Alten Wall« war der »Neue Wall« vorgeschoben. Ein Teil des Brook ist besiedelt.

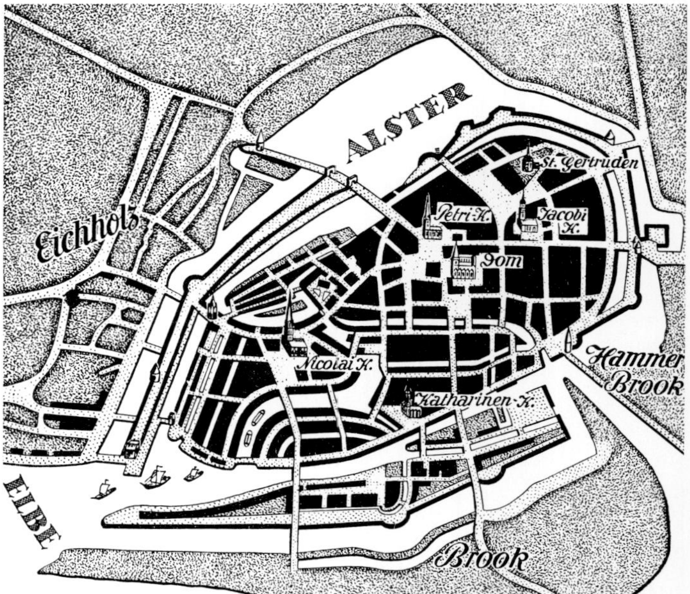

Das Ende der Hanse und die neuen Mächte

Der Höhepunkt der Hanse ist Mitte des sechzehnten Jahrhunderts überschritten, obgleich die wirtschaftlichen Aktivitäten noch bis Ende des Jahrhunderts in vollem Unfange weitergehen. Engländer und Holländer wie Spanier, Portugiesen und Franzosen greifen nach der Macht. Die große Zeit der Kolonialmächte ist eingeläutet. Zwar werden am Ende des Krieges zwischen der Hanse und England im Jahre 1472 noch einmal alle hansischen Vorrechte in England erneuert, das Eigentumsrecht am Stahlhof anerkannt und eine hohe Entschädigung durchgesetzt, doch erste Risse im Gebäude der Hanse sind nicht mehr zu übersehen. 1487 muß sich die Faktorei Nowgorod dem Zaren unterwerfen, 1494 wird sie geschlossen. 1558 wird das Kontor Bergen der dänischen Herrschaft unterstellt.

Es beginnt zu kriseln in dieser Organisation, die nichts so sehr braucht wie Probleme, die **nur gemeinsam** zu lösen sind. So sind es denn auch nicht verlorene Kriege, die der Hanse den Garaus machen, sondern die sicherer werdenden Verkehrswege, das steigende Selbstbewußtsein jener Staaten, die der Hanse Freiheiten hatten einräumen müssen, die man jetzt als drückende Last empfindet. Und es ist das sich verändernde Geschäft das zunehmend in Richtung »Übersee« tendiert. Selbst der Hering hilft den Niedergang zu beschleunigen, läßt er sich nun schon in der Nordsee fangen und nicht – wie früher – erst vor der Küste Schoonens. Der Fischfang in der Ostsee hat das Nachsehen. Die Holländer werden die »Fischer Europas« (wie sie sich heute bekanntlich als die »Fuhrleute Europas« fühlen). Und sie schließen die Mündungen von Rhein und Schelde für die Schiffe der Hanse. Ein harter Schlag. Antwerpen erschöpft sich im Kampf mit Spanien, und in England wird die Hanse tödlich getroffen nicht nur, weil sich die Politik gegen die Hansen richtet, sondern u.a. weil das englische Tuch dem deutschen zunehmend vorgezogen wird. Der Bruch mit England findet

Konvoischiff
Wappen von Hamburg
Die Konvoischiffe fuhren im Geleit zum Schutz der Handelsfahrzeuge. Ihr militärischer Charakter machte sie zu den ersten ständigen Kriegsschiffen.

seinen finalen Ausdruck in der Schließung des Stahlhofes im Jahre 1598, obgleich das Eigentumsrecht am Stahlhof von der englischen Regierung nach langjährigem Rechtsstreit 1636 den Hansestädten zugesprochen wird. 1666 wird er beim großen Brand in London in Schutt und Asche gelegt.

Das neue, das siebzehnte Jahrhundert ist nicht primär auf der Suche nach unabhängigen, mächtigen und streitbaren »königlichen« Kaufleuten, sondern auf dem Wege zur Nationalstaatlichkeit mit einem ausgeprägten Wirtschaftsprotektionismus. Die Welt ist erheblich größer geworden. Amerika ist entdeckt, der Seeweg nach Ostindien wiedergefunden. Die Zahl der Kolonien nimmt rasch zu, die weißen Flecken auf der Landkarte nehmen rapide ab. Neue Märkte versprechen Reichtum und Macht. Die internationale Schiffahrt wächst enorm. Der Mitte Europas aber droht neues Unbill. Die Einheit der Christenheit wird bald spätes Opfer der Glaubensspaltung. Die »Neuzeit« – den programmierten Völkerkonflikt im Gepäck – bricht an, das Mittelalter wird zu Grabe getragen. Der gerade wiederentdeckte »Mensch« aber bleibt auch jetzt Opfer aller kriegerischen Auseinandersetzungen, der Humanismus vorwiegend eine Sache des Wortes und der Eliten.

Die Schlußphase der Hanse ist Anpassung. Hamburg, geographisch überwiegend Nordsee-orientiert, kooperiert zunehmend mit den Gegnern von gestern. So erhalten schon 1566 die ersten englischen Kaufleute (merchant adventurers) das Niederlassungsrecht in Hamburg, was die Partner in der Hanse in Harnisch bringt. Man protestiert (was zunächst scheinbar Erfolg hat), verhandelt weiter, doch wirklich ändern tut sich nichts. Am Ende haben die englischen Kaufleute ihren festen Platz in der Hansestadt. Eine Stadt nach der anderen bröckelt vom Bund der Hanse ab. Sie leidet an Auszehrung.

Hamburg aber geht mehr und mehr seine eigenen Wege. Der Hafen wird langsam ausgebaut und modernisiert. 1570 ist der »neue Krahn« fertig. 1568 zeichnet Melchior Lorichs die erste »Hamburger Elbkarte«. Sie entsteht in einer Zeit der politischen Veränderungen und des sich verstärkenden Interessenkampfes um die Elbe. Hamburg, das die Betonnung und Bebakung des Fahrwassers ebenso besorgt, wie es den Schiffahrtsweg Elbe und das Mündungsgebiet von Seeräubern freihält, wird um seine Zolleinnahmen beneidet. Die Nachbarn möchten den Hamburgern »das Wasser abgraben«. So gilt es, den Rechtsstandpunkt Hamburgs zu verteidigen, wobei die neue Elbkarte gute Dienste leistet. Fünf Jahre später erscheint die erste kartographische Darstellung der Elbe von Hamburg bis Cuxhaven.

Verbessert hat sich inzwischen das immer wichtiger werdende Nachrichtenwesen. Wöchentlich gehen jetzt Boten aus den Comptoiren der Fernfahrergesellschaften zu den Kunden und Partnern in allen Teilen Europas. Der Wettbewerb ist mit jenen im Bunde, die alles ein bißchen früher wissen als die liebe Konkurrenz. Viele Schiffe füllen in diesem Jahr noch den Hamburger Hafen. Doch bald gehen in vielen Landstrichen im Herzen Europas, im wahrsten Sinne des Wortes, »die Lichter aus«.

Der Dreißigjährige Krieg bringt das jähe Ende aller Bemühungen einschließlich der Wiederbelebung der Hanse. Doch auch sonst macht sich wieder Unsicherheit in Handel und Schiffahrt breit. Als es 1648 zum Friedensschluß nach diesem »Weltkrieg» kommt – der zur Ausrottung eines großen Teiles der Bevölkerung in vielen Landstrichen dieses Landes führt – wird Hamburg zum (unzerstört gebliebenen) wichtigsten Hafen- und Handelsplatz und mit mehr als 40.000 Einwohnern zur größten Stadt Deutschlands. Die meisten anderen deutschen Hansestädte sind hingegen zur Bedeutungslosigkeit herabgesunken. Hamburg hatte auf die Zerstörungsgefahren durch die kriegführenden Parteien des alten und des neuen Glaubens mit dem ständigen Ausbau der fortähnlichen, mit vielen Bastionen versehenen Stadtmauer geantwortet und die »Überzeugungskraft« von Geld und Gold eingesetzt.

Schon während des drei Jahrzehnte dauernden Krieges hatte ein »weiser Senat« den Antrag gestellt, zum Schutz der Kauffahrteischiffe gegen Seeräuber und kaperfreudige Kriegsschiffe den Bau von bewaffneten Koggen zu beschließen. Auch nach dem Ende des schlimmen »Religionskrieges« braucht man die »Convoyschiffe« genannten Geleitkriegsschiffe, denn die Piraten kümmern sich, wie die besonders gefährlichen maurischen Seeräuber, um Friedensbeschlüsse im Herzen Europas nicht. Sie kapern munter weiter und machen selbst mit den gefangenen Seeleuten noch gute Geschäfte, bringen diese auf den Sklavenmärkten doch gute Preise. Und so bleibt denn nichts anderes übrig, als außer der Convoyfahrt noch »Sklavenkassen« einzurichten, um die in Sklaverei schmachtenden Glaubensbrüder freizukaufen.

Die Nordsee ist für Hamburg zum Meer der Zukunft geworden; die Ostsee hingegen »Binnengewässer«, führen die neuen Wirtschaftswege doch über Nordsee und Biscaya nach Westen und Süden. Ein neuer Erwerbszweig der Hamburger ist der Walfang geworden, für den 1649 die erste Tranbrennerei in Hamburg errichtet wird. Man bemüht sich übrigens, auch die Hanse wieder zum Geschäftsfaktor von Bedeutung zu machen. Noch einmal kommen 1669 – mehr als 20 Jahre nach dem Dreißigjährigen Krieg – die Ratssendboten aus Hamburg, Bremen, Braunschweig, Danzig und Köln in Lübeck zusammen, um über eine Wiederbelebung des Städtebundes zu beraten. Ein bindender Beschluß aber kommt nicht zustande. Die Hanse verschwindet in der Versenkung.

Erst in unserer Zeit versucht man wieder, die Hansestädte jährlich zum Hansetag zusammenzuführen. Allerdings nicht um geschäftlich an die alten Zeiten anzuknüpfen, sondern um das kulturelle Erbe dieser großen Vereinigung zu pflegen. Die Zeit hat die Wunden der Unterdrückung – wo sol-

Die älteste Elbansicht von Hamburg aus der großen Elbkarte von Melchior Lorichs von 1568

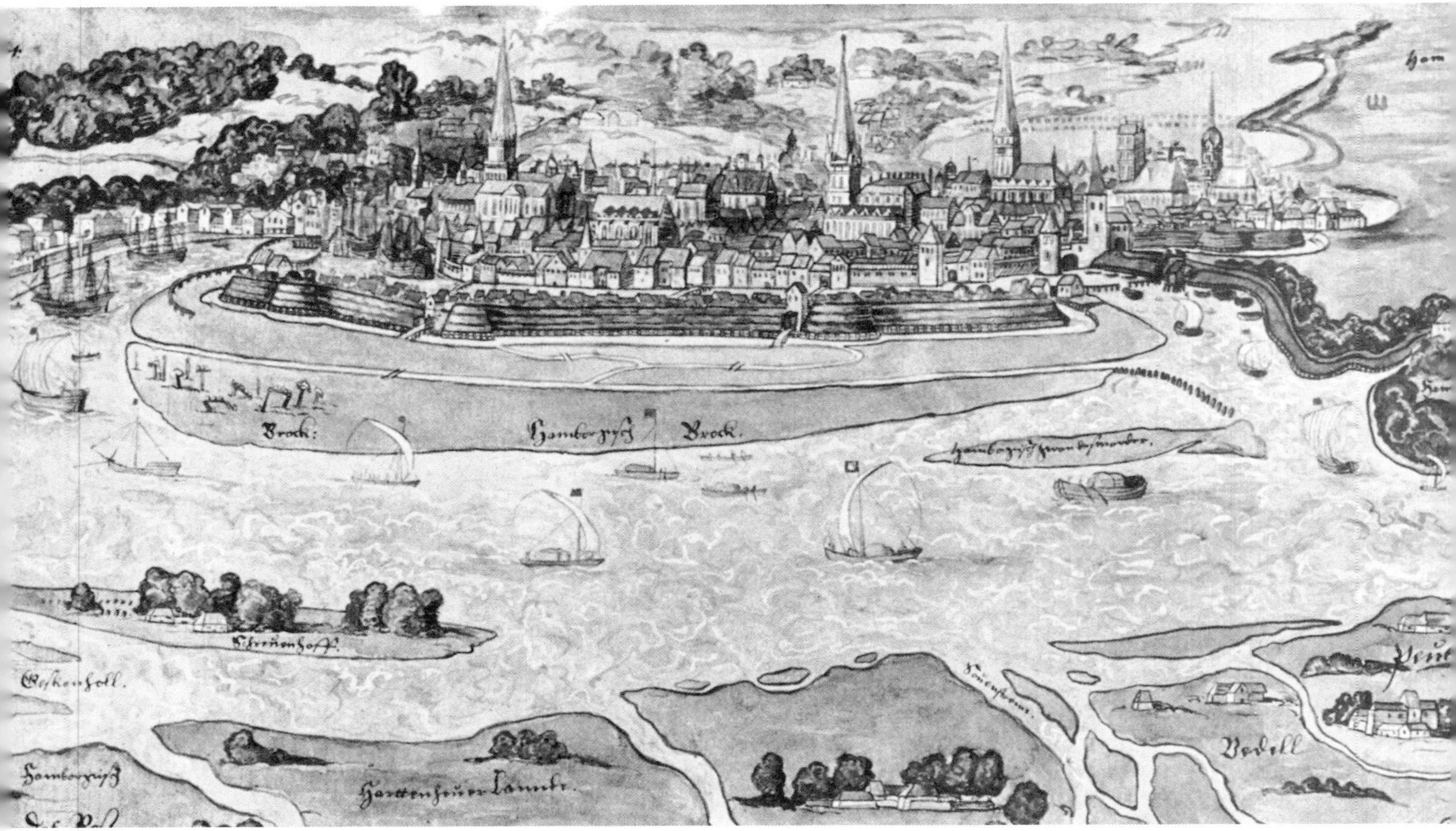

che denn stattgefunden hat – längst geheilt. Geblieben ist die von den meisten geteilte Überzeugung, daß die Hanse die wohl wichtigste »Wirtschaftsförderungs-Einrichtung« des Mittelalters war, die den Weg in die Neuzeit bereitete und vor allen Dinge Zentral- und Nordeuropa kulturell und zivilisatorisch nach vorn brachte.
Wer gern wissen möchte, was denn das Wort »Hanse« besagt, kann aus einer großen Auswahl von Erklärungen aussuchen: Während die eine Auffassung behauptet, das Wort komme aus dem Gotischen und bedeute »Schar« (später Genossenschaft zum Zwecke gemeinsamen Handels), sagt eine andere Erklärung, daß das Wort Hanse auf den Begriff »Hand zur See« zurückzuführen sei. Wieder eine andere Meinung behauptet, daß Hanse von »Hans« kommt, was in alten Zeiten einmal »groß, reich oder angesehen« bedeutete. Und sicher gibt es noch weitere Deutungen. Doch was tut's, weiß heute doch ein jeder, was mit »Hanse« gemeint ist.

Hamburg zur Sommerzeit (J. Luhn, 1681). Über den Dächern der Stadt dominieren die Türme von St. Peter, Dom, Gertruden, Jakobi und der älteren St. Georgskirche. Auf dem Wall, in der Gegend des Steintores, eine Windmühle.

Die Zeit danach oder auch Neuzeit genannt

Schon 1639, also während des Dreißigjährigen Krieges, wird auf der Elbe der Lotsenzwang eingeführt, ein Jahr später in Cuxhaven das erste Lotsenversetzboot in Dienst gestellt (doch erst 1745 wird die Elbe-Lotsenbrüderschaft gegründet). Der Schiffsverkehr nimmt zu, der Warenverkehr weitet sich wieder aus. 1647 versegeln von Hamburg 1778 Schiffe, was eine Abfahrtsdichte von immerhin fast fünf Abfahrten pro Tag bedeutet. Übrigens segeln von diesen Schiffen gemäß den alten Aufzeichnungen 956 Schiffe nach den Niederlanden. Kein Zweifel, daß der größte Teil der Güter von dort weiter nach Übersee verschifft wird. Man betätigte sich also noch überwiegend im »Feederverkehr«.

1655 wird das Blockhaus als kleines Außenfort an der Einfahrt des durch Palisaden gesicherten Niederhafens errichtet; sieben Jahre danach wird am Niederbaum – wo ein großer Teil der Schiffe liegt – das Baumhaus gebaut. Beides »landmarks«, die noch heute als Lithos, Stahl- und Kupferstiche oder Holzschnitte in den Antiquariaten von Hamburgs »alter Zeit« zeugen und ihre begeisterten Käufer finden. Zweck des Blockhauses ist die Sperrung der Hafeneinfahrt durch schwimmende Baumstämme. Dazu eine kleine Kostprobe aus den »Hamburger Bildern« von Heinrich Smidt aus dem Jahre 1836:

»Von allen anderen Thürmen der Stadt schlägt es Sechs, und das Glockenspiel auf St.Peter beginnt. Der Thürmer des Blockhauses am Binnenhafen läutet, der große Baum mit der eisernen Kette wird weggeschoben, und die Communication ist eröffnet. Nun läuten auch die Glocken auf den verschiedenen Schiffen, und rufen die Mannschaft zum Frühstück, ...«

Und an anderer Stelle: »An der Einfahrt des Hafens ist jetzt ein seltsames Gedränge von kleinen Fahrzeugen und Böten, hier und da entsteigt der Kehle eines Matrosen, der die Nacht durchschwärmte, oder aus dem Munde einer überelbischen Bauerfrau, die ihre Gemüse der Stadt zuführt, ein leises Gemurmel, das sich nicht selten mit der Dissonanz eines unästethischen Fluches endet.«

Nun die letzte Kostprobe: »Ein leiser Morgenwind erhebt sich und kräuselt die Wellen des freien Stromes, der von der laufenden Ebbe beflügelt, seine hüpfenden Wogen der Nordsee entgegenschickt. Das Auge fliegt von einem Gegenstande zum anderen, überall erblickt es dasselbe und doch so ganz anders. Hier jene langestreckte Fregatte mit den zierlichen Kanonenpforten, ... dort ein Sunderländisches Kohlenschiff.« Kaum zu überlesen, daß die Romantik die Literaten des Biedermeiers fest im Griff hat.

Zum Baumhaus noch ein kleiner Nachtrag: Gern spricht man, wenn ein Schiff wegen der Schulden, die sein Eigner hat, festgehalten werden soll, davon, daß das »Schiff an die Kette gelegt wird«. Das klingt gut, ist aber leider falsch. Ein Schiff wurde in den Zeiten der Segelschiffahrt »in die Kette gelegt«, womit gemeint ist, daß die Takelage mit den Masten mittels einer Kette so gesichert wurde, daß der Kapitän nicht bei Nacht und Nebel Segel setzen und den Schulden entkommen konnte.

Die Zeit wird »schneller«! Die Phasen des Wechsels werden kürzer. 1665 wird die »Commerz-Deputation« gestiftet. Handel und Wandel umspannen eine Vielzahl neuer Märkte. Aber auch Rückschläge gibt es. So z.B. 1683, als am 10. Oktober das Convoyschiff *Wappen von Hamburg* in der Bay von Cadix (westlich der Straße von Gibraltar) verbrennt und Admiral Karpfanger mit 64 Mann Besatzung ums Leben kommt. Jetzt gibt es nur noch das Convoyschiff *Leopoldus*. 1747 ist gänzlich Schluß mit der Convoyfahrt, die der Stadt, die diese Schiffe unterhalten muß, zu teuer wird. Zudem nimmt der Bedarf nach Schutz ab, auch wenn die Kapitäne sich immer noch gern dem sicheren Convoy anschließen. Haben doch die Erfahrungen gezeigt, daß stets neue Gefahren lauern. Kaum sind die »algerisch/tunesischen Piraten« und andere Unsicherheitsfaktoren abgehakt, tauchen (im letzten Viertel des siebzehnten Jahrhunderts) die französischen Kaper auf, die den Seehandel empfindlich stören.

Das achtzehnte Jahrhundert beginnt für die Hamburger Bierbrauer wenig freundlich. Immer mehr Hamburger, aber auch die Menschen in Ländern, in denen Hamburger

Exportbier getrunken wird, wenden sich zunehmend anderen Genüssen zu. Wein, Kaffee und Tee erweisen sich zunehmend als Marktrenner, obgleich das Bier (wohl auf »ewige Tiden«) einen guten Marktanteil halten kann. Zum »Geist im Alkohol« kommt nun jedoch der wahre Geist in die Kontore Hamburger Kaufleute und Reeder: 1731 wird aus einer sich in Hamburg ansiedelnden Zeitung, die 1713 in Schiffbeck gegründet worden war, die **»Staats- und Gelehrtenzeitung des Hamburgischen Unpartheyischen Correspondenten«**, die auf lange Zeit das meistgelesene Blatt in Europa und wegen ihrer ausführlichen Handels- und Schiffahrtsnachrichten das führende Handelsblatt in Deutschland wird.

Das Blockhaus wurde 1655 als kleines »Außenfort« an der Einfahrt des durch Palisaden befestigten Niederhafens errichtet. 1853 fiel es der Hafenerweiterung zum Opfer. Durch schwimmende Bäume versperrte man allabendlich die Einfahrt des Hafens und läutete dies mit der im Dachtürmchen hängenden Glocke ein.

Der Bedarf nach Information wächst, denn die Welt ist groß geworden, und auch Hamburg partizipiert an der Entwicklung. 1731 kommt das erste Schiff direkt aus China im Hamburger Hafen an.
1733 folgt der zweite »Ostindienfahrer«, was offenbar die Engländer und Niederländer nicht gern sehen, heißt es doch in einer Bekanntmachung: »Auf Requisition Englands und der Niederlande, als ostindische Monopolisten, werden die Waaren eines zweiten direct von China kommenden Schiffes öffentlich verkauft«. Noch glaubt man (wie heute manche wieder), daß es möglich sei, auf Dauer gegen den Markt handeln zu können.

Das Baumhaus am Ende des Steinhöft bildete die Grenze des inneren zum Niederhafen, der mit einer Balkensperre zwischen Blockhaus und den Vorsetzen abschloß. Es wurde 1662 durch Hans Hamelau errichtet. Die Ansicht stammt von V. Ruths um 1850, sieben Jahre vor dem Abriß des im holländischen Stil errichteten Gebäudes.

Hamburg um das Jahr 1700. Deutlich erkennbar sind die inzwischen errichteten Befestigungsanlagen.

Wenn sich die Kolonialmächte England, Niederlande, Frankreich, Portugal und Spanien auch sonst nicht grün sind, in einem Punkt ist man sich völlig einig: Fremde dürfen in den Verkehr zwischen Europa und den Kolonien nicht eindringen. Also ebenfalls eine Art »Hanse« die sich allerdings auf die Macht der großen europäischen Nationalstaaten stützen kann. Die Monopole dieser Kolonialmächte sind – wenigstens zeitweise – fast perfekt. Wer ihre Waren kaufen will, muß sie sich in London, Amsterdam, in den französischen Häfen, in Lissabon, Cadiz oder Sevilla abholen.

Die Hamburger Flagge hat zunächst nur geringe Chancen, am »Weltverkehr« zu partizipieren. Das gilt naturgemäß ebenso für die portugisischen Kolonien, die mit dem »Mutterland« einen regen Warenaustausch praktizieren. Den Hamburgern bleibt nichts anderes übrig, als mit den Portugiesen zu kooperieren, um so wenigstens »mitverdienen« zu können. Für den Hamburger Hafen ist diese Situation von geringerer Bedeutung. Schließlich ist primär wichtig, wieviel Güter umgeschlagen, zwischengelagert oder verarbeitet werden, und weniger, ob die Schiffe portugiesische oder brasilianische Häfen anlaufen.

Hamburgs Außenhändler beginnen sich schon früh auf bestimmte Märkte oder Güterarten zu spezialisieren, so auf den Portugalmarkt. Zu den nach Portugal verschifften Produkten gehören besonders Getreide, Leinen, Holz und Glaswaren, Roheisen, Bleche sowie Kupfer und Messing, allerlei Geräte, Bier, Wachs, Teer, Hanf und Flachs. Ein großer Teil der Ladung wird in den portugiesischen Häfen in die die Kolonien anlaufenden Schiffe portugiesischer Flagge umgeladen. Aus Portugal – tatsächlich wiederum zum größeren Teil aus den Kolonien kommend – werden besonders Südweine, Salz, Apfelsinen, Zitronen, Rosinen, Mandeln, Zuckerrohr, Tabak, Kaffee und exotische Hölzer in Hamburg angelandet.

Andere Handelshäuser Hamburgs spezialisieren sich auf den Getreidehandel, u.a. mit New Orleans, wieder andere auf Tabak aus Baltimore. Das ist möglich und geschäftlich interessant, weil sich die Nordamerikaner von der kolonialen Vormundschaft Großbritanniens befreien (1777/1783) und nicht mehr das geringste Interesse daran haben, ihren Außenhandel weiter in den Händen der um diese Zeit nicht sonderlich geliebten Kolonialmacht zu belassen. Kein Wunder, daß unter solchen Umständen die Vereinigten Staaten von Nordamerika bereits 1793 in Hamburg ein Consulat errichten und sehr an einer Ausweitung der Handels- und Schiffahrtsbeziehungen arbeiten.

Am 1. November 1755 sinkt Lissabon, die Hauptstadt Portugals, bei einem Erdbeben mit nachfolgendem Großbrand in Schutt und Asche. Die Hamburger bieten Hilfe an. Ob aus reiner »Menschlichkeit« oder in richtiger Einschätzung

Das Nicolaifleet, der eigentliche Alsterlauf zwischen Trostbrücke und Hohebrücke, in einer Ansicht von J. G. Stuhr um 1860. Hier bei der Börse am alten Grafenzoll liegt der älteste Teil des Hafens mit dem alten Kran und der städtischen Waage.

der Bewertung solcher Hilfe durch den Begünstigten, soll hier nicht untersucht werden. Noch ist man auf die Partner in den Kolonialmächten angewiesen, doch schon Ende des achtzehnten Jahrhunderts zeichnet sich ab, daß der Direkthandel nicht überall unterbunden werden kann, und auch die Schiffe unter deutschen Flaggen sind nicht mehr von den überseeischen Märkten fernzuhalten. So ist es inzwischen den Hamburgern möglich, mit den dänischen Kolonien in Westindien direkt Handel zu treiben. Im übrigen beherrscht man eine Reihe von Tricks, um beim Geschäft nicht zuschauen zu müssen. So fahren seit 1765 die Hanseaten unter dem Namen eines spanischen Geschäftsmannes von spanischen Häfen nach den spanischen Kolonien. Die letzten Jahrzehnte des achtzehnten Jahrhunderts bringen

Blick über die Elbinseln von F. W. Skerl um 1790. Noch unberührt vom Getriebe der Stadt breitet sich jenseits der Elbe die Landschaft bis Harburg und Moorburg aus.

dem Hamburger Handel, seiner Schiffahrt und dem Hafen einen kurzen, aber umfassenden Wirtschaftsaufschwung. Doch bald fällt das Konjunkturbarometer in den Keller.
Am 9. Oktober 1799 bricht Frankreich den diplomatischen Verkehr mit Hamburg ab. Das »Direktorium« der französischen Revolution und später der große Korse sind den Hamburgern mit ihrer England-Freundlichkeit und dem English Court in Hamburg sowie der »nach dem Wind-Neutralität« gram. Vor allen Dingen stört man sich in Paris daran, daß nach der Revolution Tausende von französischen Emigranten nach Hamburg und Altona flüchten und dort ein antifranzösisches Zentrum bilden. – Der Schatten Napoleons, der am 9./10. November 1799 die Macht in Frankreich übernimmt, verdunkelt auch die Zukunft der Hansestadt an der Elbe. Der Stadt, für die das beginnende 19. Jahrhundert schlimme Jahre (besonders für Hafen und Handel) in der Tasche hat, droht viel Unheil, das erst mit dem Jahre 1814 enden soll.

Die Technik verändert die Welt

»Der Krieg ist der Vater aller Dinge« ist eine beklemmende Aussage und dennoch wahr, wenigstens noch zu Beginn des neunzehnten Jahrhunderts. Das gilt auch für die viel Leid bringenden Napoleonischen Kriege, die die politischen Strukturen Kontinentaleuropas ebenso durcheinanderwürfeln, wie sie neue Entwicklungen in Technik und Militärwesen, aber auch in der Staatsverwaltung, dem Rechtswesen und nicht zuletzt in Sachen der »persönlichen Rechte und Freiheiten des Einzelnen« auslösen oder fördern.

Nur wenige Jahre des neuen Jahrhunderts bleiben den Hamburgern, ihre Interessen als Hafen- und Handelsstadt wahrzunehmen. 1802 beginnt man mit dem Bau eines massiven Leuchtturmes in Cuxhaven, der die hölzerne Bake ersetzen soll. 1805 ist er fertiggestellt und dient der Schiffahrt, die für jede Erleichterung der Navigation in schwierigen Gewässern dankbar ist. Doch mit der Schiffahrt ist nicht mehr viel los, denn die Engländer blockieren (wegen der Besetzung Hannovers durch die Franzosen) die Elbe. Trotz der unsicheren Zeiten schaffen die Hamburger wacker weiter. 1804 weihen sie die neue Börsenhalle ein, ist doch die alte Börse längst nicht mehr in der Lage, den vielfältigen Anforderungen gerecht zu werden. Und noch unmittelbar vor der Okkupation durch die Franzosen gibt sich die Stadt eine neue Bezeichnung. Mit dem 20. August 1806 firmiert die Elbgemeinde nicht mehr als »Kaiserlich freie Reichsstadt«, sondern als »Freie Hansestadt«.

Die Freiheit dauert nicht länger als ein Vierteljahr. Am 19. November 1806 besetzt der französische Marschall Eduard Montier die nun nicht mehr freie Stadt Hamburg. Für die Bürger und die Wirtschaft beginnen schlimme Jahre. Daran ändert auch die Tatsache nichts, daß die Republik Hamburg am 1. Januar 1811 zu einer »bonne ville« des großen französischen Kaiserthums avanciert. Längst hat sich die kriegsbedingte Unvernunft der Franzosen in Hamburgs Mauern ausgetobt. Englische Waren werden verbrannt, Engländer entführt und der Handel mit allen, die sich nicht zu den Freunden Frankreichs zählen, abgebrochen. Die Kontinentalsperre ist das Ende (fast) aller Schiffahrt. Im Hafen vermodern zu jener Zeit die noch hölzernen Schiffe. Mehr als 300 sollen es gewesen sein. Doch jede Leidenszeit nimmt ein Ende. Aber die Hamburger freuen sich – zunächst – zu früh. Zwar verlassen die Franzosen 1813 die Stadt, doch kommen sie schnell zurück, und dann wird es noch ärger.

Von den Hamburgern weitgehend unbemerkt, beginnt zu dieser Zeit der Freiheitskampf der Mittel- und Südamerikaner, der bald die Entwicklung des Hamburger Hafens zum Welthafen mittragen hilft. Doch zunächst zurück zu den Franzosen: 1814 verschwinden sie endgültig aus Hamburg. Hafen und Stadt erwachen aus dem erzwungenen Dornröschenschlaf. Lange dauert es, bis die ausgeplünderte Stadt »Tritt faßt« und die zerstörten Außenbezirke wieder aufgebaut sind. Die Hamburger Schiffahrt liegt noch lange danieder. Segelten um die Jahrhundertwende noch 280 Schiffe unter hamburgischer Flagge, sind es 1822 erst wieder 88. Die »ausländischen« Flaggen dominieren. Negativ wirkt sich aus, daß die restaurativen Kräfte im Rat der Stadt versuchen, den Fortschritt zu verhindern und die »vornapoleonische Zeit« zu neuem Leben zu erwecken. Es gibt sie eben immer, die ewig Gestrigen.

Das ausgehende achtzehnte Jahrhundert läutet in Hamburg die Zeit der Firmen-Neugründungen in Schiffahrt und Außenhandel ein. Dazu zählt Hamburgs älteste noch existierende Reederei, das Haus Rob. M. Sloman jr., dessen Gründung auf das Jahr 1793 zurückgeht, zwei Jahre nachdem William Sloman nach Hamburg eingewandert war und das Bürgerrecht erworben hatte. Die französischen Besatzer hatten die positive Entwicklung zwar mit harter Hand unterbrochen, aber langsam regen sich die in die Zukunft drängenden Kräfte. Auftakt der ersten Friedensaktivitäten ist die Stiftung der Schiffahrts- und Hafen-Deputation. Im folgenden Jahr tritt Hamburg dem inzwischen gegründeten Deutschen Bund bei, und das als »Freie und Hansestadt Hamburg«, jene Bezeichnung, die auch heute die Hamburger, wenn meistens auch nur mit »heimlichen« Stolz erfüllt.

Das Jahr 1816 läutet ein neues Zeitalter der Schiffahrt ein. Immer schon bestimmte das Schiff die Entwicklung der Häfen. Aber in den vergangenen Jahrhunderten verlief der Fortschritt nur langsam. Kaum sind die Veränderungen

Helene Sloman. Als Barkentine getakeltes erstes Überseedampfschiff für die Route Hamburg–New York der Reederei Rob. M. Sloman.

wahrnehmbar. Das wird jetzt mit einem Schlage völlig anders. Der erste Dampfer, die *Lady of the Lake,* legt am 17. Juni im Hamburger Hafen an. Der Seeverkehr hat inzwischen fast wieder seinen Friedensumfang erreicht, allerdings dominieren nach wie vor die »ausländischen« Flaggen. Um 1800, also vor der Besetzung Hamburgs, machen durchschnittlich 2000 Segelschiffe jährlich im Hafen fest (groß sind sie – nimmt man den statischen Durchschnitt mit 77,5 Registertonnen à 2,83 cbm – nicht gerade). – Erst zwischen 1820 und 1825 werden diese Zahlen wieder überboten. Jetzt geht es mit Siebenmeilenstiefeln aufwärts.

Die »neue Zeit« ist überall spürbar. Hamburgs Handelshäuser und Kaufmannsreedereien erobern mit den Mitteln des Kaufmannes die Welt für Hamburg. Ihre Namen schreiben Hamburgische Geschichte. Godeffroy, Berenberg-Goßler, Laeisz, Sloman, Sillem, Lutteroth, Hertz, O'Swald, Woermann und Bolten. – 1825 richtet die General Steam Navigation Co. in London eine regelmäßige Dampferverbindung mit Hamburg ein, und 1849 sticht das erste See-Dampfschiff unter Hamburger Flagge nach New York in See. Es ist die *Helene Sloman.* Leider fällt sie schon auf der Rückreise einem schweren Sturm zum Opfer, doch ist die Technisierung der Schiffahrt nicht mehr aufzuhalten. 1856 folgt die Hamburg-Amerika Linie (HAPAG), die, im Vorjahr der Beinahe-Revolution von 1848 gegründet, den Dampferdienst aufnimmt, nachdem sie die Nordatlantik-Route schon seit 1848 mit Seglern befahren hat.

Die rasche Entwicklung der Dampferschiffahrt führt schon 1837 zum Beschluß des Senates zur Anlegung eines eigenen Dampfschiffhafens und einer umfassenden Verbesserung des gesamten Hafenbetriebes. Immer noch lenken vier Bürgermeister die Geschicke der Stadt. 1837 sind das die Ersten

Bürgermeister Johann Heinrich Bartels und Amadus August Abendroth sowie die Zweiten Bürgermeister Christian Daniel Benecke und David Schlüter.
Wie dringend der Ausbau des Hafens ist, zeigt der Zahlenvergleich für die folgenden Jahrzehnte:

Zahl und Tonnage

	Dampfer	Tonnage *	Segelschiffe	Tonnage *
1850	530	?	3200	?
1860	1160	414 700	3200	435 500
1870	1910	1 008 363	1743	295 130
1880	3150	2 069 200	1965	495 730
1890	5409	4 309 600	1569	505 700
1897 beladen	6873	5 624 868	1855	545 807
in Ballast	964	440 828	1481	125 567

* Registertonnen à 2,83 cbm

Zwar kann die Technik bei den Segelschiffen noch einmal durch den Einsatz eiserner Rümpfe und größerer Segelflächen verbessert werden (Höhepunkt der Entwicklung sind die Flying-P-Liner, gleichermaßen Krone wie Ende der gewerblichen Segelschiffahrt), doch macht die Wetterabhängigkeit des Seglers das Dampfschiff zum überlegenen Fahrzeug der Zukunft. – Kaum verwunderlich, daß bei dieser Entwicklung auch für Reparatur und Wartung der Schiffe in Hamburg etwas getan wird. 1851 baut Sloman das erste »Dry-Dock« auf Steinwärder.

Ein paar Jahre zuvor, 1842, hat der Große Brand von Hamburg erhebliche Teile der Stadt zerstört. Ein furchtbares Unglück, das letztlich dennoch der Stadt zum Vorteil gereicht, schafft es doch die Möglichkeit, ein zeitgemäßes, modernes Hamburg zu schaffen. Dort, wo die Flammen den alten Baubestand nicht zerstört haben, wie z.B. im Gängeviertel und auf dem Brook, fallen die Gebäude später der

Segelschiffe beherrschten noch das Bild des Niederhafens zwischen Vorsetzen und dem Johannisbollwerk, wenngleich sich der Siegeszug des Dampfers über die Windjammer bereits abzeichnete.

Am Reiherstieg auf Steinwärder liegt um 1870 ein Dampfschiff der Grell'schen Fähre, die in ständigem Wechsel zwischen Baumwall und Reiherstieg verkehrte. Daneben, im ersten Hamburger Trockendock, 1851 von B. Wencke in Gemeinschaft mit Rob. M. Sloman errichtet, wird ein Vollschiff überholt.

Spitzhacke zum Opfer. Grund hierfür ist der notwendige Bau des Freihafens mit der Speicherstadt im letzten Viertel des neunzehnten Jahrhunderts – worüber noch zu berichten sein wird.
In Übersee findet Hamburg viele neue Partner für den eigenen Außenhandel und seine Schiffahrt, wird gleichzeitig aber auch zum gesuchten Partner vieler europäischer Länder, die sich der zunehmenden Leistungsstärke und Leistungsvielfalt des Hamburger Hafens bedienen. So wird Hamburg zum wichtigen Transithafen und damit »Tor zur Welt« für viele. Selbst die österreichische Doppelmonarchie zählt zu den wichtigen Kunden des Hafens, und das nicht zuletzt wegen der überseeischen Verbindungen mit Nord- und Lateinamerika. Für wie bedeutend die Wiener Hofburg

Das große Feuer von 1842, durch starken Südwestwind begünstigt, zerstörte nahezu ein Drittel der Stadt. Viele liebenswerte Bauwerke wurden ein Raub der Flammen.

die Selbständigkeit und Neutralität Hamburgs einschätzt, findet seinen überzeugenden Beweis in der Hilfe, die Österreich der Hansestadt nach dem großen Brand und während der Wirtschaftskrise im Jahre 1857 angedeihen läßt. Mit Silberbarren im Werte von 10 Millionen Mark Banco greift man der vom Ruin betroffenen Wirtschaft der Stadt unter die Arme. Vertrauen schafft Vertrauen, und schon bald ist die Krise überwunden, der Kredit pünktlich zurückgezahlt. Preußen hatte den Hamburgern jede Hilfe verweigert. Nur natürlich, daß unter solchen Umständen die Hamburger viel für die Österreicher und – vorläufig – wenig Sympathie für die Preußen in ihrem Busen hegen.

In Übersee gehören Nord-, Mittel- und Südamerika längst zu den wichtigen Partnern. Kein Wunder, hatten sich die Staaten Lateinamerikas doch schon zwischen 1816 und 1824 ihre Unabhängigkeit von den Kolonialmächten erkämpft. Die Verbindungen mit Afrika und auch mit dem fernen Osten nehmen an Bedeutung zu. Und selbstverständlich trägt die nach den 48er Jahren sich ständig verbessernde Situation in der Zusammenarbeit der vielen deutschen Staaten zur Entwicklung von Handel und Wandel erheblich bei. Folge ist, daß der Hafen erneut an seine Leistungsgrenzen stößt. Die Stadt benötigt für ihre Schiffahrt und den ständig steigenden Güterumschlag einen größeren und leistungsfähigeren Hafen. Die Liegeplätze an den Pfählen vor dem Johannisbollwerk und den Vorsetzen am nördlichen Elbufer reichen bei weitem nicht mehr aus. Die neuen Hafenanlagen sollen auf dem Grasbrook entstehen. Und dabei kommt die Schicksalsfrage des Hafens auf den Tisch: Soll man, wie in London, durch Schleusen gegen die Tide gesicherte Dockhäfen bauen oder den »offenen« Tidehafen bevorzugen? Welch ein Glück, daß sich die holländischen und englischen Hafenbauer nicht durchsetzen. Erfolg mit seinem Plan der offenen Tidehäfen hat der in Lübeck geborene Hamburger Hafenbaumeister Johannes Dalmann. Er wird zum Vater des modernen Welthafen Hamburg, den Schiffe »rund um die Uhr« anlaufen können, ohne das zeitraubende und kostspielige Geschäft des Schleusens bezahlen zu müssen. Sein früherer Vorgesetzter und Vorgänger H. Hübbe muß 1856 seinen Stuhl räumen, obgleich er die entscheidenden Vorarbeiten für den Ausbau des Hafens geleistet hatte. Sein Fehler war, sich in der Schleusenfrage auf die Seite der Engländer und Holländer zu schlagen. Kostbare Zeit geht verloren, denn von 1845 bis 1850 geschieht nichts. Es ist die Commerzdeputation, die energisch auf den Ausbau des Hafens drängt. Doch erst 1856 gehen die Planungen zügig weiter. Zusammen mit dem Ing. Hagen schafft Johannes Dalmann den ersten modernen »Hafenentwicklungsplan«. 1862 beginnt Dalmann mit dem Ausbau des ersten Kais, und zwar im Sandtorhafen.

Immer neue Handelsverträge werden abgeschlossen, und die Ladungsmengen nehmen entsprechend zu. Die ständig verbesserte Technik in Schiff- und Schiffsmaschinenbau, aber auch im Umschlag macht die Schiffe größer, schneller und sicherer. Neue Dienste werden aufgenommen, wie der regelmäßige Dampfschiffverkehr mit New Orleans, der im Oktober 1867 eröffnet wird. Einige Jahre vorher wird die Deutsche Seemannsschule auf Steinwärder eingerichtet. Zwischen Bremen und Hamburg kommt es zur Aufnahme der regelmäßigen Schleppschiffahrt. Besonders wichtig aber

Der Sandtorhafen wurde zum Vorbild aller nach ihm gebauten Kaianlagen. In den späten siebziger Jahren des vorigen Jahrhunderts ist das Südufer des Hafens, der Kaiserkai, ausgebaut worden. Er erhielt als erster Kai eine massive Mauer. Hinter den Schuppen des Sandtorkais liegt das Brookviertel, auf dem später die Speicherstadt entstehen wird.

Der Siegeszug des eisernen Dampfers war nicht mehr aufzuhalten. Ein Fahrplan, der für die Dauer eines Jahres die Abfahrtszeiten genau festlegte und komfortablere Kabinen, z. T. mit fließendem Wasser und Bad, ließ ihn in der Gunst der Passagiere steigen.

ist das Jahr 1866, das nicht nur die Einführung des Deutschen Handelsgesetzbuches und den Beitritt Hamburgs zum Norddeutschen Bund erlebt, sondern auch die Eröffnung des schon erwähnten Sandtorkais, der modernsten Hafenanlage ihrer Zeit, die von der gerade ins Leben gerufenen Staatlichen Kaiverwaltung betrieben wird. Zum ersten Mal macht ein Schiff direkt am Kai fest und löscht seine Ladung mit Hilfe der neuen handbetriebenen Rollkräne und der zischenden Dampfkräne. Dalmann arbeitet weiter an der Entwicklung des neuen, modernen Hafens. Wichtigstes Element des weiteren Ausbaues ist die Regulierung des hamburgischen Hauptfahrwassers der oberen und unteren Elbe.

Vier Jahre nach Dalmanns Amtsantritt schließen die Hansestadt und Preußen den Ersten Köhlbrandvertrag (zwei weitere folgen später). Es beginnen die sich über Jahrzehnte erstreckenden Stromausbauten. Ein anderes bedeutendes Ereignis kennzeichnet das Jahr 1867: die traditionsreiche Commerz-Deputation nimmt den Namen »Handelskammer« an.

Der deutsch/französische Krieg 1870/1871 bringt in Folge die deutsche Einheit. Sie stärkt die Position Hamburgs, denn jetzt genießt die Stadt den Schutz des Reiches. In der Frage des Zollanschlusses zeigen sich die Hamburger allerdings wenig geneigt. Man will die alte Freihandelsposition – verständlicherweise – nicht aufgeben. Hamburg, bis zum Zollanschluß »Freihafen« in seiner ganzen Ausdehnung, geht in schwierige Verhandlungen mit dem nicht weniger hartnäckigen Bismarck, um einerseits die Vorteile des Zusammenschlusses voll auszuschöpfen, andererseits die Vorteile eines Freihafen-Stapelplatzes nicht zu verlieren. Auch die günstigen Konditionen des 1839 geschlossenen Vertrages mit dem Zollverein gilt es zu verteidigen, obgleich sie nur dem Freihandel, nicht aber den Interessen der Hamburgischen Industrie und dem Gewerbe dienen.

Die Verhandlungen sind nicht nur zeitaufwendig, sie werden auch leidenschaftlich geführt, und oft droht völliges Scheitern, verbunden mit Drohungen, die einer Kriegserklärung ähnlicher sind als den auf Kompromiß zielenden Verhandlungen. Doch zum Schluß kann man zufrieden die Unterschriften leisten. Dank gilt dafür dem Hamburger Senator Versmann, Hamburgs Vertreter im Berliner Bundesrat. Hamburg bekommt jetzt einen Freihafen, der 1988 seinen 100. Geburtstag feiert. Die Stadt selbst wird Zollinland, das Hafengelände, durch große Teile der Elbinsel beträchtlich erweitert, bleibt Zollausland. Nach Vertragsabschluß wird der Hafen zur größten Baustelle der Hansestadt, wenn nicht des ganzen Landes.

Wie diese Karikatur aus einer zeitgenössischen Illustrierten zeigt, sträubten sich die Hanseaten zunächst nach Kräften gegen den von Bismarck geforderten Zollanschluß.

Doch zunächst zurück in die Zeit der ersten Friedensjahre nach dem deutsch/französischen Krieg. 1871 ist für die Hafenschiffahrt ein besonders interessantes Jahr. Lütgens & Reimers, vertrauend auf die Dampfkraft der neuen Schiffsmaschinen, bestellen ihren ersten »Schlepper«, der 1872 unter dem Namen *Henry* abgeliefert wird, dem Unternehmen bis 1890 dient und dann nach Stettin verkauft wird. Von nun an sind es die Schlepper und später teilweise auch die Barkassen, die die Schuten von Speicher zu Speicher und von Schiff zu Schiff ziehen. Bald bedürfen auch die seegehenden Schiffe der Unterstützung der immer »stärker« werdenden Schlepper. Ein neuer Gewerbezweig bereichert die Dienstleistungspalette des Hafens: die »Assistenzschlepper«. 1873 beginnt auf dem kleinen Grasbrook der Bau des ersten Petroleumhafens (heute Südwesthafen). Die ersten »Tanker« die ihn nach seiner Fertigstellung 1876 anlaufen, sind noch Segler, glaubte man doch, daß die mit funkensprühenden Schornsteinen ausgerüsteten Dampfer als »feuergefährlich« eingestuft werden müßten. Noch wurde das (amerikanische) Erdöl selbstverständlich in Fässern transportiert und gelagert.
1875, dem Todesjahr Dalmanns, entsteht auf der Landzunge zwischen Sandtor- und Grasbrookhafen der erste Großspeicher des Hafens, der »Kaispeicher A«, dem der Volksmund die Bezeichnung »Kehrwieder« gibt. Jetzt können auch Seeschiffe ihre Ladung direkt in einen Speicher löschen. Zwar ist das bei bestimmten Ladungen mit erheblichen Kosteneinsparungen möglich, doch zeigt sich bald, daß in den meisten Fällen die Ladung in mehrere Speicher geht. Man ist also vorläufig doch wieder bei dem alten System der Verteilung der Ladung.
Und endlich haben es die Schiffe auch im Winter besser, denn seit dem Jahr 1874 sorgt ein in Dienst gestellter »Dampfeisbrecher« dafür, daß die Zeit des Saisonhafens – fast – endgültig vorbei ist.
Zum wichtigsten Bauvorhaben wird nach Unterzeichnung der Zollausschlußvereinbarungen im Jahre 1881 der Bau eines neuen Lagerhausviertels. Die in der Stadt liegenden Speicher und Lagerhäuser verlieren die Möglichkeit des zollfreien Handels. Viele Firmen sind deshalb gezwungen, in den neuen Freihafen zu übersiedeln. Eine entsprechend große, neue Speicherstadt ist zu bauen. Wichtigste Forde-

Die Baugrube des Freihafenkanals 1884. Rechts die Schuppendächer des Sandtorkais, im Hintergrund die letzten Häuser vom Kehrwieder.

rung: sie muß in der Nähe der Stadt gelegen sein. Auf seeschifftiefes Wasser wird nach den Erfahrungen mit dem Kaispeicher A kein Wert mehr gelegt.

Platz für eine solche ausgedehnte Anlage in Stadtnähe ist allein auf dem Großen Grasbrook vorhanden. Das Wohnviertel zwischen dem Kehrwieder und der Wandrahmsbrücke, das »Brookviertel« mit seinen malerischen alten Twieten, Gängen, Fleeten, Fachwerkspeichern und Bürgerhäusern muß geopfert werden. Eine schwere, aber erforderliche Entscheidung, auch wenn die Umsiedlung von rund 20.000 Menschen nicht gerade als ein humaner Akt der Stadtväter betrachtet werden kann. Die Stadt steht vor der Notwendigkeit, 930 Grundstücke mit ihren zum Abbruch vorgesehenen Gebäuden zu erwerben. Die Besitzer müssen nicht nur entschädigt, sondern auch anderweitig zufriedenstellend untergebracht werden. Grundsätzlich kein Problem, denn die Stadt kann die Besitzer enteignen und nach dem Grundsteuerwert der Taxierung von 1878 entschädigen. Dennoch befürchtet man Ärger durch Preistreiberei und nachfolgende Prozesse. Doch die Sorgen sind unbegründet. Nur zehn von 338 Grundstücken, die während des ersten Baujahres benötigt werden, fallen durch Enteignung an die Stadt. Das ist nur scheinbar erstaunlich, denn die Raumnot in den hafennahen Bezirken hatte zu einer gedrängten und verschachtelten Bebauung mit vielen Hinterhöfen und Gängen geführt. Die Bausubstanz ist zum Teil verwahrlost, die hygienischen Verhältnisse sind größtenteils schlimm und so verspricht der Verkauf an die Stadt auch noch Profit.

Die Mieter werden nicht gefragt. Sie müssen sich, ob sie wollen oder nicht, dem »Schicksal« beugen. Für viele bringt die Umsiedlung neue materielle Härten, die die ohnehin schwachen sozialen Gruppen weiter an den Existenzrand drängen. Welche Bedeutung die Aufgabe der alten Wohnquartiere für all jene hatte, die im Hafen arbeiten, schildert Bernhard Meyer-Marwitz in seinem Buch »Hamburgs Weg zum Welthafen«: »Bisher hatten die im Hafen beschäftigten Männer fast alle in unmittelbarer Nähe ihres Arbeitsplatzes gewohnt. Viele von ihnen verloren durch den Bau der Speicherstadt ihre hafennahen Wohnungen im Kehrwiederviertel, auf dem Brook und an den Uferstraßen zwischen dem Winserbaum und der Schaartorbrücke und mußten in die Neustadt oder gar in Vorstadtviertel übersiedeln. Da sich ein großer Teil des Hafenbetriebes überdies fortan auf dem linkselbischen Gebiet abwickelte, waren Tausende von Familien gezwungen, ihren Tagesrhythmus umzustellen. Der im Hafen arbeitende Mann konnte mittags nicht mehr nach Hause gehen oder sich sein Essen bringen lassen. Gastwirtschaften, die er in den Arbeitspausen hätte aufsuchen können, gab es im Freihafen nicht. Auf Grund dieser veränderten Verhältnisse wurde 1887 der »Verein für Volkskaffeehallen« gegründet. In enger Zusammenarbeit mit dem hamburgischen Staat entstanden zunächst zwei Hallen auf dem Steinwerder und eine auf dem Kleinen Grasbrook. Sie boten Raum für tausend Personen. Die neue Einrichtung bewährte sich vortrefflich, so daß bald auch in anderen Hafenteilen derartige Speisehallen errichtet werden mußten.«

Der amerikanische Nationalökonom Mac-Elweer beschrieb die Kaffeehallen als ein leuchtendes Beispiel für die in Hamburg entfaltete und für diesen Staat charakteristische staatlich-soziale Fürsorge, die breiten Schichten zugute kommt und gleichzeitig wirtschaftliche und geschäftliche Vorteile für den Staat mit sich bringt. Für die damaligen Verhältnisse sicher ein Fortschritt. Dennoch blieb die Umsiedlung der Menschen aus dem Gebiet der Speicherstadt eine Sache unendlich vieler Sorgen und Nöte.

»Träger« der geplanten Speicherstadt wird die im Auftrage der Finanzdeputation von der Norddeutschen Bank ins Leben gerufene »Hamburger Freihafen-Lagerhaus-Gesellschaft«. Ihr wird das Gelände vom Staat gegen eine Beteiligung am Reingewinn pachtweise überlassen. Das

Am Kaiserhöft, wo sich heute der moderne Kaispeicher A befindet. Im Gestänge der Turmspitze befand sich weithin sichtbar der Zeitball, der pünktlich um 12.00 Uhr herabfiel. Nach diesem Signal wurden die Schiffschronometer gestellt. Der Turm, 1963 abgerissen, wich einem Bauwerk, dessen Architektur wohl mehr dem Zweck als der Schönheit verpflichtet ist.

Im Winter 1874 brach einer der damals neuartigen »Dampfeisbrecher« die Eisdecke der Elbe. Ein Ereignis, das einen zeitgenössischen Künstler zu einer dramatischen Darstellung veranlaßte.

Grundkapital der Gesellschaft wird auf neun Millionen Mark festgesetzt. Die Norddeutsche Bank übernimmt diesen Betrag und legt davon 50% zur öffentlichen Subskiption aus. Die ersten Aktionäre sind – neben der Norddeutschen Bank – hamburgische Kaufleute. Auch in den Aufsichtsrat wählt man Vertreter der Kaufmannschaft. Der Hafenbau und die Verwaltung des Hafens liegen beim hamburgischen Staat. Private Unternehmen können Kai- und Schuppenanlagen pachten. Natürlich gibt es für die Pächter einzuhaltende Vorschriften, doch ist man bezüglich der Verwaltung und Nutzung der Anlagen weitgehend frei. In Einzelfällen tritt der Staat als Verpächter von Grundstücken auf und überläßt dem Pächter den Ausbau und die Ausrüstung der Kais und den Bau der Schuppen. Wie man sieht, war man in jenen Zeiten noch sehr liberal eingestellt.

Am 15. Oktober 1888 wird nach Abschluß der geplanten Arbeiten der Anschluß an den Deutschen Zollverein vollzogen. Am 29. Oktober des gleichen Jahres legt Wilhelm II., der letzte deutsche Kaiser, an der Brooksbrücke den Schlußstein für die Neubauten des Freihafens. Mit der neuen Speicherstadt verbunden ist die Zukunft der Hafenschiffahrt, die nach wie vor wichtigster Transporteur der Waren zwischen Seeschiff und Speicherstadt ist, und das mit zunehmender Tendenz. Diese bedeutende Stellung im Hafen wird erst viele Jahrzehnte später in Frage gestellt – als der Container den Verkehr revolutioniert.
Fünf Jahre vor der Jahrhundertwende erschließt sich für den Hamburger Hafen im Verkehr mit den Ostseeanrainern eine neue Dimension des Wettbewerbs. Der nach achtjähriger Bauzeit eröffnete Nord-Ostsee-Kanal (war sein offiziel-

ler Name wirklich jemals Kaiser-Wilhelm-Kanal?) verkürzt die Seestrecke in das Mare Balticum gewaltig und macht die zeitraubende und oft gefährliche Kattegat-Skagerrak-Route zu einer Sache der Vergangenheit. Gefeiert wird die Eröffnung an einer Festtafel am 21. Juni 1895 in Holtenau mit einem Menue, das, zusammen mit den köstlichen Weinen, auch Majestät Freude gemacht haben dürfte. Ob der Hamburger Reeder H. Dahlström an dem Essen teilnimmt, ist nicht bekannt. Er hatte im Auftrag der preußischen Regierung den endgültigen Verlauf des Kanals (nach entsprechenden Untersuchungen) festgelegt. Das erste Schiff, das den Kanal in seiner vollen Länge durchfährt, ist Seiner

Die Rückseite der Straße »Bei den Mühren«. Auch diese Häuser mußten dem Freihafen weichen.

Klare Hühnerbrühe	Pale Sherry
Heidelberger Forellen	1884. Marcobrunner Cabinet Auslese
Lendenbraten mit Périgord-Trüffeln	1888. Château Léoville Lascases 1890. Brauneberger
Gefrorenes	
Rehschnittchen mit Oliven in Kruste	Veuve Clicquot Ponsardin England
Hummern auf Gloucester Art	
Brüsseler Geflügel, Römischer Salat	
Artischockenböden, überbacken Junge Schoten	1878. Château Rauzan Segla
Chester-Stangen Früchte	
Nachtisch	

DIE
BESTEN WÜNSCHE
ZUM
WEIHNACHTSFEST
UND
1978

IHRE

HAMBURGER HAFENVERTRETUNG
DÜSSELDORF
GÜNTER ZUM HINGST

*

Um die Einhaltung der Originalrezepte bemühte sich der Executive Chef, Küchenmeister V.K.D. Günter Scherrer.

VORFESTLICHES

HAFEN-DINER

DES

HAFEN HAMBURG

DEZEMBER 1977
DÜSSELDORF-HILTON

SPEISENFOLGE
NACH DER
ORIGINAL-MENÜKARTE

Festtafel bei der Eröffnung des Nord-Ostsee-Kanals in Holtenau am 21. Juni 1895.

So leb denn wohl Du altes Haus,
der Zollanschluß treibt uns hinaus.
Ach, wenn uns so der Kanzler säh',
thät ihm gewiß das Herze weh!

Ein schwerer Abschied aus Häusern, die zwar nicht mehr zeitgemäß, den Bewohnern aber liebgewordene Heimat waren.

Majestät Schiff *Hohenzollern*. Nach der Festtafel nimmt sie ihren illustren Passagier auf und dampft gen Brunsbüttel, wo sie frühmorgens am 22. Juni 1895 eintrifft.

Zehn Jahre nach Fertigstellung der Speicherstadt und weiterer Einrichtungen des Hafens feiert man in Hamburg das Neunte Deutsche Turnerfest. In der Festzeitschrift verewigen sich auch die Männer des Hafens, an der Spitze der Hamburger Wasserbaudirektor M. Buchheister. Wer könnte besser als er beschreiben, wie der neue, großartige Welthafen Hamburg sich den Beschauern darstellt; wer könnte besser als er auch das spürbar machen, was man zwischen den Zeilen lesen kann. Und deshalb soll seine Beschreibung ungekürzt zum Leser sprechen:

Unter den Sehenswürdigkeiten der Handels- und Hansestadt Hamburg nimmt der Hafen, insbesondere der Seehafen, unstreitig die erste Stelle ein. Hier entrollt sich das ureigenste Leben und Treiben der Seestadt, der internationale Verkehr von Personen und Waren und das aus diesem entspringende lokale Transportgeschäft in seinen verschiedensten Formen. Zahlreiche Seeschiffe und unter ihnen die größten Fahrzeuge, Segler wie Dampfer, bieten dem betrachtenden Auge in den verschiedenen Theilen des Hafens einen imposanten Anblick. Man sieht sie theils an kräftigen Pfahlwerken mitten im freien Wasser der Rhede und der Hafenbecken, theils an den landfesten Quais liegen, welche die Hafenbecken besäumen, während auf dem freien Strome sich die aufkommenden und abwärtsgehenden Seeschiffe bewegen, entweder unter eigenem Dampf oder geschleppt von den diesem Zwecke dienenden Schleppdampfern des Hafens.

Die Erzeugnisse aller Welttheile birgt das Innere der aufkommenden Segler und Dampfer, von denen die größten mehr als 1000 Eisenbahnwagen fassen an Raum und Gewicht. Was alles sich aber dem Beschauer außer den Seeschiffen in größter Mannigfaltigkeit im Hafen darbietet, das dient mittel- oder unmittelbar der geschäftlichen Bewältigung der von den Seeschiffen beförderten massen, insonderheit der Ent- und Beladung der Fahrzeuge selbst. Ein mit seiner Fracht im Hafen ankommendes Schiff bedarf zunächst eines Liegeplatzes, wo es seine Waren entladen, löschen, kann und es sei gleich bemerkt , daß es an demselben Platz oft auch seine Ladung für die Ausreise einnimmt. Ein Wechseln des Liegeplatzes findet seltener statt. Bei der Wahl des Liegeplatzes treten nun sogleich zwei characteristische Fälle auf. Entweder nimmt das Seeschiff seinen Platz im freien Wasser, wo es sich an daselbst eingerammten, mächtigen Pfahlbündeln, den sogenannten Dückdalben, festlegen kann, oder es legt sich an die Quaimauer eines landfesten Seeschiffsquais. Je nach seinem Wunsche wird ihm ein der einen oder anderen Art von der Hafenbehörde angewiesen, wobei darauf Rücksicht genommen wird, daß regelmäßig verkehrende Schiffe der verschiedenen Schiffslinien, möglichst an einer und derselben Quaistrecke zu liegen kommen.

Der Liegeplatz im freien Wasser, seiner Natur nach einfach, bietet dem Seeschiffe nur die notwendigste Gelegenheit, seine

Hafengeschäfte zu erledigen. Das Löschen und Laden in andere oder aus anderen Wasserfahrzeugen, was in der Regel nur durch Menschenkräfte mit Hülfe von Schiffswinden und nur seltener durch schwimmende Dampfwinden erfolgt, geht langsam von Statten. Das Schiff braucht zu seiner Ent- und Beladung eine Reihe von Tagen, hat dahingegen auch keine weiteren Hafengebühren für das Ent- und Beladen zu bezahlen. Einen solchen Liegeplatz benutzen fast ohne Ausnahme die Segelschiffe, bei denen die Zeit nicht so drängt, wie bei Dampfschiffen, aber auch letztere benutzen diesen einfachen Liegeplatz dann, wenn sie minderwerthige Massengüter, die keine hohen Spesen vertragen, wie Kohlen etc., oder solche Waaren führen, deren Weiterbeförderung ausschließlich und unmittelbar auf dem Wasserwege erfolgt. Einen ganz anderen Character trägt der Liegeplatz am Quai. Hier stehen dem Seeschiffe die besten und ausgiebigsten Mittel zur schnellen und prompten Ent- und Beladung zur Verfügung. Auf der Quaimauer stehende fahrbare Dampfkrähne, an deren Stelle bei den neuesten Anlagen electrische Krähne treten, sorgen für die schnellere Beförderung der Waaren aus dem und in das Seeschiff; geräumige, auf der Quaifläche erbaute Schuppen dienen zum Sortieren der meistens an vie-

Der Blick über das St. Annenfleet und die Neuerwegsbrücke auf die Blocks der Speicherstadt.

In den linken Turm der Brooksbrücke, Grenze zwischen dem Binnenhafen und dem Zollkanal, fügte Kaiser Wilhelm II. im Oktober 1888 den Schlußstein ein. Mit diesem feierlichen Ereignis wurde der Freihafen eingeweiht.

le Empfänger beſtimmten Waaren und zur kurzen Lagerung derſelben, welche von hier aus per Bahn, mittelſt Landfuhrwerk oder zu Waſſer weiter befördert werden können. Dieſe mit den modernſten Mitteln der Technik ausgeſtatteten Quailagen werden von den Seedampfern mit werthvollerer Ladung benutzt, deren ſchnellere Beförderung auf See eine ebenſo ſchnelle Abwickelung der der Hafengeſchäfte entſprechen muß, denn Verzinſung und Geſchäftsgewinn eines Seedampfers ſind abhängig von der Zahl der Reiſen, die der Dampfer im Jahre macht. Die mit dem Seeſchiffe ankommenden Waaren haben eine verſchiedene Beſtimmung. Sie werden entweder unmittelbar weiter befördert oder ſie gelangen zunächſt am Hafenplatz zur Lagerung. Zu Lande erfolgt die Beförderung per Eiſenbahn, zu welchen Zwecke die Quaianlagen meiſt hinter, zum Theil auch vor den Quaiſchuppen in ausgiebigſter Weiſe mit Lade-und Rangirgeleiſen ausgeſtattet ſind, die in beſonderen Rangirbahnhöfen zuſammengeleitet und von hier aus an die in Hamburg einmündenen Eiſenbahnlinien angeſchloſſen ſind. Die Waarenbeförderung in die Stadt und ihre nächſte Umgebung iſt im allgemeinen gering, vorwiegend hierfür iſt der Waſſerverkehr, nur im Winter zu Eiszeiten gewinnt der Fuhrwerksverkehr an den Quais eine erhöhte Bedeutung. Letztere ſind daher auch in ausreichender Weiſe mit Straßenanlagen verſehen.

Die Weiterbeförderung der Waaren zu Waſſer erfolgt in mannigfachſter Weiſe. Zuerſt intereſſiert hier die Waarenbeförderung innerhalb des Hafens und der Stadt ſelbſt. Sie bildet für Hamburg ein Characteriſtiſches und gut ausgebildetes Transportſyſtem, für welches kleine, kräftige Laſtfahrzeuge, die ſogenannten Schuten, denen man im Hafen und in den Canälen der Stadt überall begegnet, verwendet werden. Theils werden dieſe Schuten von einer oder zwei Perſonen mittelſt langer Bootshaſen vorwärts geſchoben oder von kleinen Schleppdampfern geſchleppt. Dieſe Schutenſchifffahrt im Verein mit den für ſie im Stadtgebiete angelegten zahlreichen Canälen, von denen die älteren »Flethe« genannt werden, hat Hamburg die hin und wieder gehörte Bezeichnung als nordiſches Venedig verſchafft. Thatſächlich wird mit Hülfe der Schuten der weitaus größte Theil des örtlichen Transportgeſchäftes — auch des ſtädtiſchen, den Hafen nicht tangirenden — beſorgt.

Ein anderer Transport zu Wasser erfolgt mittelst der oberel bischen Flußschiffe, der sogenannten »Oberländer«, welche die Waaren elbaufwärts bis zu Prag und bis Berlin und Breslau tragen bezw. von dort heranbringen. Zur Beförderung nach dem unteren Theil der Elbe dienen wesentlich andere Fahrzeuge, die sogenannten »Ewer«, kleine, seetüchtig gebaute Segelschiffe, die den maritimen Character der unterhalb Hamburg gelegenen Elbstrecke angepaßt sind, und hier sowohl wie an den benachbarten Seeküsten selbst bei schlechter Witterung verkehren können, während die für die Binnenschifffahrt bemessenen oberelbischen Fahrzeuge nicht allzuweit unterhalb Hamburgs elbabwärts zu fahren wagen.

Endlich ist noch als ein sehr wesentlicher Faktor die Weiterbeförderung der von See eingeführten Waaren mittelst eines anderen Seeschiffes zu nennen, denn die in Hamburg von See ankommenden Waaren sind zum großen Theil gar nicht für Deutschland bestimmt, und es gelangt dieser Theil der Waaren nur in den Hafen, um von hier nach anderweitigen europäischen oder transatlantischen Ländern verfrachtet zu werden, theils sofort in seinem ursprünglichen Zustande, theils nach längerer Lagerung oder nachdem die Waaren sortiert und umgepackt worden sind oder eine Veredelung erfahren haben. Da aber die deutsche Zollgesetzgebung die weitaus meisten Waaren, die aus dem Auslande kommen, mit einem Eingangszoll belegt, so wurde mit Rücksicht auf den letzgenannten Verkehr, dem Hamburger Seehafen die Eigenschaft als Freihafen verliehen,weil die Bearbeitung, das Sortieren und das Veredeln der Waaren, sowie das Zusammenpacken derselben mit gleichartigen inländischen Waaren in der Zollstadt kaum durchführbar oder nur mit großen Opfern, welche den Großhandel und manche Industrien auf das schwerste betroffen haben würden, zu ermöglichen gewesen wäre.

Um eine solche Belastung, die einen Theil des Hamburger Handels den ausländischen Concurrenzhäfen überliefert hätte, zu vermeiden, wurde der Hamburger Hafen, mit Ausnahme geringer, localen Schifffahrtszwecken und zollinländischen Waaren dienender

Eine beliebte Stelle für Schiffsfotografen war die Hochbrücke bei Levensau. Hier passiert die Kaiseryacht *Hohenzollern* den Nord-Ostsee-Kanal

Theile, zum Freihafen ausgestaltet. Das ganze Hafenterrain, seine Land- und Wasserflächen, seine eigentlichen Hafenanlagen sowohl wie jene Theile, welche für Waarenspeicher, für Fabriken und Werften erforderlich waren und die Gelände, die für eine fernere Erweiterung der bestehenden Anlagen vorgesehen werden mußten, im ganzen ein Areal von 984 ha oder rund 10 qkm Größe wurde dementsprechend mit einer Zollgrenze umgeben, welche am Lande mit einer von Zollwächtern controllirten Planke und im Wasser mit schwimmenden Pallisaden versehen und an den nach dem Zollinlande führenden Eingängen zu Wasser und zu Lande mit Zollabfertigungsstellen besetzt wurde. Damit aber die zum Zollinlande gehörenden Hamburgischen Elbstrecken und Gebietstheile untereinander und mit der Stadt einen vom Freihafenbezirk unabhängigen Vehrkehrsweg haben, ist ein Wasserweg geschaffen, welcher oberhalb der großen Elbbrücken vom Elbstrome abzweigt und sich am Baumwall unterhalb des Binnenhafens wieder mit demselben vereinigt. An diesem Canal,in seinem mittleren Theile Zollcanal genannt, schließen sich unterhalb die einzigen zollinländischen Seehäfen Hamburgs an, während oberhalb des Canals, jenseits der Elbbrücken, einige theils Zollzwecken dienende zollinländische Flußschiffhäfen für den oberelbischen Schifffahrtsverkehr liegen.

Nach diesen Darstellungen,die das wesentlichste über die Art des Geschäftsbetriebes im Hamburger Hafen enthalten, dürfte es nicht schwer fallen,die auf diese Art des Geschäftsbetriebes basirenden Hafenanlagen zu verstehen und zu übersehen. Schon die Flethe und Canäle der Stadt, die den Fremden zunächst auffallen, sind als integrirende Theile des Hafens aufzufassen. An ihnen liegen zahlreiche Speicher der Hamburger Kaufleute und dienen zur Lagerung und Bearbeitung der Waaren, die ihnen mittelst der Schuten vom Seeschiff zugeführt werden. Außer diesen im Zollinlande belegenen Speichern liegen an einem südlich des Zollcanals ausgehobenen Canal die imposanten Blocks der Freihafensicher, welche, die beiden Ufer des Canals flankirend, die Blicke des Wanderers fesseln, welcher eine der über den Canal führenden Brücken überschreitet. Diese zum größten Theil von einer Actien-Gesellschaft, der Freihafen-Lagerhaus-Gesellschaft, verwalteten Speicheranlagen dienen im wesentlichen nur der zollfreien Lagerung von Waaren, denn nur in einzelnen derselben wird ein beschränkter Veredelungsbetrieb geführt. Diese Freihafenspeicher bedecken eine bebaute Grundfläche von mehr als 41000 qm und enthalten im Keller und in 5 bis 7 Geschossen im Ganzen mehr als 242000 qm Lagerfläche mit über 400000 Tonnen (à 1000 kg) Tragfähigkeit. Die Canäle, an denen diese Speicher liegen, haben in Erinnerung an den hier vordem gelegenen, von über 16000 Menschen bewohnten alten Stadttheil und dessen alte Flethe den Namen der letzteren erhalten. Sie sind nur für den Verkehr mit Flußschiffen bestimmt, werden daher ebenso wie die alten Speicher in der Stadt von Schuten bedient und stehen somit nur in mittelbarem Verkehr mit den Seeschiffen. Sie sind zur Zeit sämtlich belegt und ausgenutzt, so daß das dringende Bedürfniß nach weiteren Lagerräumen im Freihafengebiet zur Niederlegung weiterer Wohnquartiere im Osten der jetzigen Anlage zwang, woselbst in allernächster Zeit neue Kanäle ausgehoben und weitere Speicher erbaut werden. Die Länge des jetzigen Freihafenspeicherquartieres beträgt etwa 1000 m, seine mittlere Breite etwa 100 m.

Das hier seine Nordgrenze an den Rand der Stadt heran erstreckende Freihafengebiet umfaßt von der Eisenbahnbrücke über die Norderelbe bis zum Baumwall beide Ufer des Elbstromes und diesen selbst, vom Baumwall abwärts nur noch das südliche Ufer und hat im Ganzen eine Länge von 4½ km bei einer mittleren Breite von 2½ km. Seinem größten Theile nach umfaßt es die Seehäfen und deren Quais, von denen der erste und älteste, der Sandthorhafen, unmittelbar südlich der Freihafenspeicher zunächst der Stadt liegt. Diese älteste Anlage wurde im Jahre 1866 mit der nördlichen Uferstrecke, dem Sandthorquai, dem Verkehr übergeben.

Das südliche Ufer des Sandthorhafens, der Kaiserquai, bildet mit dem Dalmanquai, dem nördlichen Ufer des Grasbrookhafens, eine sogenannte Quaizunge und ebenso der südliche Quai des Grasbrookhafens, der Hübenerquai, mit dem am Elbstrom belegenen Strandquai. Diese Hafenanlagen, zusammen mit dem östlich davon gelegenen Magdeburgerhafen, und seinen Ufern bilden die älteren Theile der Hamburger Quaibauten und enthalten 21 Quaischuppen, nebst den dazu gehörenden Krahn-, Eisenbahn- und Straßenanlagen. Sie umfassen rund 25 ha Wasser- und 17 ha

Landfläche, 4350 laufende m Quaimauern und etwas mehr als 64000 qm Quaischuppen. An der Landzunge zwischen dem Sandthor- und Grasbrookhafen, am Kaiserhöft, befindet sich ein am tiefen Wasser belegener, also Seeschiffen zugänglicher Speicher mit rund 17400 qm Lagerfläche, am Brookthorhafen ein zweiter mit 15000 qm Fläche.

Die bisher beschriebenen in nächster Nähe der Stadt liegenden, also bequem zu erreichenden Anlagen, bestanden bereits vor dem sogenannten Zollanschlusse Hamburgs und waren etwa 1885 vollendet. Zu dieser Zeit, als noch ganz Hamburg nebst den angrenzenden preußischen Städten Altona und Wandsbeck außerhalb der deutschen Zollgrenze lag, erstreckte sich im Niederhafen vor dem Ufer der »Vorsetzen« und St. Pauli — hier wo allein die Stadt unmittelbar an den tiefen Elbstrom grenzt — der Jahrhunderte alte einfache Rhedehafen Hamburgs und gewährte von den Höhen der Seewarte und des Geestrückens der Vorstadt St. Pauli jenen entzückenden Anblick des Mastenwaldes einer an Pfahlwerken vertäuten großen Schiffsflotte, wie auf älteren Bildern zu sehen ist und wie er Kennern der alten Hamburger Hafenanlagen immer in Erinnerung bleiben wird.

In den achtziger Jahren begannen nun jene umfassenden Veränderungen, welche in erster Linie durch den Zollanschluß veranlaßt, zugleich eine den Anforderungen der Neuzeit gerecht werdende Ausgestaltung des Hamburger Seehafens bezweckten. An der Nordseite des Elbstromes und zu Osten der älteren Hafenanlagen entstand der Baakenhafen mit seinen drei großen Quaianlagen, dem Versmannquai, dem Petersen- und Kirchenpauerquai, die ihren Namen drei hochverdienten Hamburger Bürgermeistern verdanken.

Der Petersenquai mit seinen vier mächtigen Schuppen von im ganzen über 30000 qm überdachter Lagerfläche, ist der Hamburg-Amerikanischen Packetfahrtgesellschaft verpachtet und wird von dieser selbst betrieben, während der Betrieb an sämmtlichen übrigen Quais in den Händen der städtischen Quaiverwaltung ruht. In der Nähe des Baakenhafen, etwas stromabwärts neben der alten Gasanstalt, ist ein größeres Gebäude, die sogenannten Passagierhallen, erbaut, welches als Abgangs- und Ankunftsstation für überseeische Passagiere und Auswanderer dient. Bemerkenswerth ist hier noch an der Ecke des Magdeburger- und Baakenhafens ein 7100 qm großer heizbarer Schuppen zur Aufnahme von Südfrüchten, insbesondere Apfelsinen, den die vereinigten Importeure dieser Waaren gepachtet haben.

Dieser von acht Stück elektrischen Krähnen bediente Schuppen ist für das Südfruchtgeschäft noch nicht ausreichend, es wird deshalb neben demselben noch in diesem Jahre ein annähernd gleich großer Schuppen errichtet werden

Mit diesen Anlagen ist das Nordurfer des Stromes vollständig ausgebaut, sämmtliche übrigen großen Hafenbecken liegen am südlichen Flußufer.

Hier ist vor allem der 300 m breite Segelschiffhafen mit dem Asia- und Amerikaquai zu nennen, dessen mit zwei mächtigen Pfahlreihen durchtheilte breite Wasserfläche der Hauptliegeplatz für Segelschiffe bildet; hier hat der in früheren Zeiten am Niederhafen prangende Mastenwald seine neue Heimstätte gefunden. Bei der Einfahrt in den Segelschiffhafen, am Ufer der Elbe (Krahnhöft), befindet sich der größte Hebekrahn des Hafens, wie überhaupt aller Handelskrähne der Welt, welcher eine Tragfähigkeit von 150 Tonnen oder 3000 Centnern besitzt und mit seinem 34 m hohem Gerüst die ganze Umgebung beherrscht.

Neueren Datums sind der auf den Segelschiffhafen flußabwärts folgende Hansahafen und der Indiahafen mit dem O'Swald-, dem Australia-, India- und Afrikaquai, zum Theil noch ohne Schuppenbauten. Hieran reiht sich der in seinen Anfängen ältere mit feuersicherem Abschluß nach der Elbe zu versehene Petroleumhafen. Stromaufwärts von dieser Seehafengruppe sind drei Flußschiffhäfen, der Moldau-, Saale- und Spreehafen angeordnet, um der großen Zahl von »Oberländern« die erforderlichen Liegeplätze zu gewähren.

Stromabwärts von diesen Hafenanlagen, westlich vom Petroleumhafen, bis zur westlichen Grenze des Freihafengebietes, erstreckt sich ein von Stromarmen, Kanälen und Flethen durchzogenes Gebiet, Kleiner Grasbrook und Steinwärder genannt, welches den auf das Freihafengebiet angewiesenen industriellen Anlagen, sowie einer Anzahl privater Lagerschuppen und Speicher Platz gewährt. Insbesondere liegen hier auch die Schiffswerften mit ihren

Schwimmdocks und Helligen zum Bau und zur Reparatur von Schiffen. Als die bedeutendste sei die ganz im Westen liegende Werft von Blohm & Voß genannt, welche Einrichtungen für den Bau und die Reparatur der größten Handels- und Kriegsschiffe besitzt und über 4000 Arbeiter beschäftigt.

Da innerhalb des Freihafengebietes das Wohnen im Allgemeinen verboten und nur für das nothwendigste Aufsichtspersonal, Wächter etc. gestattet ist, so mußten für das Heer der in diesem Gebiete überall beschäftigten Schiffsarbeiter, Schiffsbauer, Quaiarbeiter, Beamten etc. ausgedehnte Einrichtungen zum Transport, Aufenthalt, zur Speisung etc. getroffen werden. Zahlreiche im Freihafengebiete und auch im Zollinlande vorhandene Landungsanlagen, welche dem Verkehr der kleinen Hafendampfer dienen, vermitteln eine möglichst bequeme Verbindung zwischen den einzelnen Hafentheilen, theils durch Querfähren, von einem Ufer zum anderen, theils durch Längs- und Rundfähren, welche fast sämmtliche Punkte des Hafengebietes berühren. Für den Aufenthalt der Leute während der Arbeitspausen befinden sich auf jedem Quai und in jedem größeren Etablissement Aufenthaltsräume, außerdem aber sind allenthalben besondere Garküchen, die sogenannten Volkskaffeehallen, errichtet, die von einer staatlich unterstützten Gesellschaft betrieben werden. Oeffentliche und private Arbeitsnachweise vereinfachen das Verdingen der Arbeitskräfte.

Zum Schlusse mögen noch einige auf den gesammten Freihafen bezügliche Zahlenangaben das oben gesagte weiter illustriren. Die gesammte Wasserfläche der künstlichen Hafenbecken beträgt 165 ha, die Gesammtfläche der Seeschiffsquais 111 ha. Die Länge aller Quaimauern für Seeschiffe ist gleich 15½ Kilometern und die 40 Stück Quaischuppen (ohne die im Bau begriffenen) haben eine Totallänge von 7½ km und eine überdachte Grundfläche von rund 18 ha; 260 Stück fahrbare Dampfkrähne (und 8 elektrische) von meist 2500 kg Tragfähigkeit, sowie 95 Handkrähne sorgen für das Ent-und Beladen der Schiffe, wozu noch eine kleine Zahl fester Krähne für größere Lasten kommt, deren größter bereits genannt wurde. Der zweitgrößte von 50 Tonnen (1000 Centner) Tragfähigkeit befindet sich am Baakenhöft.

Etwa 58 500 lfdm. Eisenbahngeleise liegen an den verschiedenen Quaistrecken, zu denen für Rangirgeleise noch 47 500 lfdm., für Verbindungsgeleise ca. 11 000 lfdm. und für Privatanschlüsse der Werften und industriellen Etablissements ebenfalls ungefähr 11 000 lfdm. hinzukommen, so daß im Ganzen innerhalb des Freihafengebietes und bis zum Anschlusse an die Staatsbahnhöfe rund 128 km Geleise liegen.

Der in diesen Hafenanlagen sich abwickelnde Schifffahrtsverkehr möge durch folgende, den statistischen Ermittelungen für das Jahr 1896 entnommenen Angaben veranschaulicht werden. In dem genannten Jahre verkehrten 10477 Seeschiffe mit zusammen rund 6 445 000 Register-Tons Tragfähigkeit im Hamburger Hafen; bis auf etwa 106 Schiffe mit ca. 150 000 Register-Tons gingen eben so viele Schiffe ab, als ankamen. Hiervon waren rund 28% Segelschiffe und 72% Dampfschiffe. Von den 10 477 Seeschiffen, die hier ankamen, waren 3357 mit 609 000 Register-Tons aus deutschen, 3513 mit 2 138 000 Register-Tons aus englischen (darunter 1160 Kohlendampfer mit 734 000 Register-Tons) 2111 mit 1 234 000 Register-Tons aus anderen europäischen und der Rest, 1510 Schiffe mit 2 464 000 Register-Tons, aus außereuropäischen Häfen hier angekommen, und es benutzten von allen diesen Schiffen 4033 Stück mit rund 3 286 000 Register-Tons, oder rund 40% aller Seeschiffe mit rund 50% aller Register-Tons, die Quaianlagen. Von der oberen Elbe verkehrten gleichzeitig rund 16 000 Fahrzeuge (Schleppkähne, Schleppdampfer, Segelschiffe, Dampfschiffe) im Hafen, welche rund 3,6 Millionen Tonnen (à 1000 kg) Tragfähigkeit besaßen. Der Waarenverkehr im Hamburger Hafen belief sich für die Seeschifffahrt auf rund 10,4 Millionen Tonnen (à 1000 kg) im Werthe von rund 3,2 Milliarden Mark, wovon auf die Einfuhr 7,1 Millionen Tonnen und 1,7 Milliarden Mark und auf die Ausfuhr 3,5 Millionen Tonnen und 1,5 Milliarden Mark entfallen.

Der Seehafen von Hamburg ist bezüglich seines Verkehrs der größte Hafen des europäischen Festlandes. Und gerade jetzt ist der Handel und Verkehr Hamburgs in einem Maaße im Wachsen begriffen, daß nicht schnell genug weitere neue Hafen- Quaianlagen geschaffen werden können. Auf dem großen südwestlichen Gelände des Freihafens, dem sogenannten Kuhwärder, welches für Hafenerweiterungen vorgesehen ist, werden zur Zeit zwei neue große Hafenbecken erbaut und die Zeit scheint nicht mehr fern, wo das jetzige Freihafengebiet nicht mehr ausreicht, sondern eine Erweiterung erfahren muß.

Die Zeit von 1888 bis 1914 ist gekennzeichnet durch die Entwicklung Hamburgs zum Welthafen bzw. zum »Tor zur Welt«, jener Anspruch, der im Grunde genommen auch heute noch Gültigkeit hat. Für die stürmische Entwicklung in den letzten Jahren des vorigen Jahrhunderts gibt es eine Reihe sehr unterschiedlicher Gründe. Da ist zunächst einmal die geographische Lage Hamburgs, ideal geeignet als Eingangs- und Ausgangstor des Deutschen Reiches, aber auch großer Teile der Wiener kuk Monarchie und anderer europäischer Staaten, wie für die Länder Skandinaviens, die einen großen Teil ihres überseeischen Außenhandels im Transit via Hamburg abwickeln, auf fachhamburgisch »Durchfrachtenverkehr« genannt.
Die Einigung der vielen deutschen Königreiche, Fürsten- und Herzogtümer, Grafschaften, Reichsstädte etc. zu einem Nationalstaat trägt wesentlich dazu bei, daß sich die Wirtschaft im Deutschen Reich im Schnellschritt entwickelt und Deutschland in kurzer Zeit zu den starken Außenhandelsländern gehört. Entsprechend gestaltet sich das Ladungsaufkommen, das zum größten Teil seinen Weg über Hamburg nimmt. Der entscheidende Wachstumsimpuls geht von der Industrialisierung aus, die – verglichen mit Großbritannien – in Deutschland relativ spät einsetzt, sich dann aber fast explosionsartig entwickelt.

Liegt 1900 die Gesamtumschlagsmenge im Hamburger Hafen noch bei rund 14,5 Millionen Tonnen (wobei der Export knapp 3,5 Millionen beträgt), sind es 1905 schon insgesamt fast 17 Millionen. Der Export steigt in diesem Jahr auf fast 6,5 Millionen Tonnen. 1910 sind 22 Millionen überschritten, allerdings bei einem nicht nennenswert gestiegenen Export. Die Entwicklung geht dann aber auch beim Export zügig nach »oben«. 1913 beläuft er sich auf fast 9 Millionen bei einem Gesamtumschlag von über 25 Millionen Tonnen Gütern. Eine großartige Entwicklung; doch ihr abruptes Ende steht bereits unmittelbar »vor der Tür«.

Selbst der Hamburger Schiffbau schreibt steigende Produktionszahlen. Endlich gibt es keine Einschränkungen mehr,

Laden, löschen, malen. Geschäftiges Treiben eines Welthafens.

wie sie noch zu Beginn der Neuzeit gang und gäbe waren, u.a., als nach dem Rezeß von 1458 hamburgische Schiffe nur noch an Mitglieder des Hansebundes verkauft werden durften. Und noch zu Anfang des siebzehnten Jahrhunderts war es hamburgischen Schiffern nicht erlaubt, ihre auf den Werften Hamburgs erbauten Fahrzeuge nach auswärts zu verkaufen, sofern sie nicht mindestens zehn Jahre alt waren. Schiffe, die in Hamburg gebaut wurden, durften auch eine bestimmte Größe nicht überschreiten. Womit die Ärgernisse des Schiffbaus in Hamburg durchaus noch nicht alle aufgezählt sind. Wie man sieht, gab es für die »Werftindustrie« auch in den »guten alten Zeiten« oft nichts zu lachen.

Eine echte Aufwärtsentwicklung setzt erst im neunzehnten Jahrhundert ein, als der hamburgische Schiffbau endgültig seine ständischen Probleme überwunden hat. Zur Zeit des deutsch/französischen Krieges arbeiten auf dem Reiherstieg und auf Steinwärder bereits fünfzehn Werften. Der große Sprung nach vorn wird Realität, als sich der Ingenieur Hermann Blohm und der Ingenieur Ernst Voss zusammentun und 1877 auf Kuhwärder den Schiffbaubetrieb Blohm & Voss gründen. Und was ist ein Hafen ohne bedeutende Werftindustrie, die nicht nur neue Schiffe baut, sondern darüber hinaus auch für schnelle und reibungslose Wartung und Reparatur der den Hafen anlaufenden Schiffe sorgt? –

Die befreundeten Hamburger Ingenieure Hermann Blohm und Ernst Voss, beide in England ausgebildet, errichten 1877 auf dem Kuhwärder eine Werft, auf deren Helgen Jahrzehnte später die größten Schiffe der Welt gebaut werden sollten.

Die 1913 gebaute *Imperator* war mit ihren 52117 BRT das Flaggschiff der 1847 gegründeten Hamburg-Amerika Linie.

Die Dominanz der englischen Werften neigt sich ihrem Ende zu. Weitere bedeutsame Werften entwickeln sich in Hamburg und machen es zum Zentrum des modernen Schiffbaues. Viele Schiffe mit berühmt gewordenen Namen haben den Hamburger Werften Weltgeltung verschafft. Man denke dabei nur an die Schiffe der »Amerika- und Imperator-Klasse« der HAPAG und die »Zigarettendampfer« genannten Cap-Schiffe der Hamburg-Süd.
Der Ausbau des Hafens geht bis zum Ausbruch des Ersten Weltkrieges weiter. Sprunghaft wachsen Tonnage und Tiefgang der Schiffe. 1909 wird der Köhlbrand begradigt, eine wichtige Verbesserung dieser bedeutenden Wasserstraße. – Die Liegeplätze der gerade fertiggestellten neuen Hafenbekken reichen nicht mehr aus. Hamburg beginnt, die noch verbliebenen Reserven aufzuschließen. Die Grenzen des schon zu klein gewordenen Freihafens werden südwärts und westwärts ausgedehnt. Kuhwärder ist das nächste Ziel der Hafenbauer. Die Notwendigkeit weiterer Ausbauten zeichnet sich ab.

Neues Gelände bringt ein Vertrag zwischen Hamburg und Preußen. Durch einen Gebietsaustausch wird erreicht, daß jetzt der nördliche Teil von Neuhof zur Verfügung steht. 1911 wird eine der wichtigsten Verbindungen zwischen der Stadt und dem Hafen dem Verkehr übergeben, der fast 450

Wie dieser Zeitungsanzeige zu entnehmen ist, war der Bedarf an Werften und Schiffahrtsunternehmen zur Jahrhundertwende noch groß.

Unmittelbar neben dem
Hamburger Freihafengebiet
sind am tiefen Strom belegene Plätze, welche sich vorzüglich zur Anlage von Fabriken, Schiffswerften ꝛc. eignen, zu verkaufen oder zu vermiethen durch (1056)
Wentzel & Hirsekorn,
Hamburg, Plan 6.

Meter lange (alte) Elbtunnel, der – ebenso wie die Landungsbrückenanlage – als ein Prachtstück des Jugendstils noch heute den Betrachter erfreut. Zwei Jahre nach der Eröffnung des Elbtunnels nimmt die Hamburgische Schiffbauversuchsanstalt ihre Arbeit auf. Stadt und Hafen ruhen sich nicht auf ihren Erfolgen aus.

Die rasche Entwicklung des Hafens schafft auch soziale Probleme. Am 20. November 1896 beginnt ein 11 Wochen dauernder Streik, an dem 16.690 Hafenarbeiter und Seeleute beteiligt sind. Am 9. Februar 1897 fällt der Streik, nicht zuletzt infolge der Winterkälte, in sich zusammen. Die Hafenarbeiter haben nichts erreicht. Nur die Seeleute holen eine geringe Lohnerhöhung heraus. Es wird noch geraume Zeit dauern, bis die meistens als »Unständige« beschäftigten Hafenarbeiter am Erfolg des Hafens durch angemessene Löhne beteiligt werden.

Die soziale Situation der Hafenarbeiter im November 1896 ist denkbar schlecht. Das meinen auch viele Bürger der Stadt, die in den Streikfonds einzahlen, um den Kampf für ein gerechteres Einkommen zu unterstützen. Dabei geht es vor allen Dingen um eine Erhöhung des Tageslohnes von 3,00 bis 4,20 Mark auf 4,50 bis 5,00 Mark und um eine Verkürzung der Arbeitszeit, die 1896 von 6 bis 18 Uhr, bei einigen sogar von 5.30 bis 19 Uhr dauert. Zwar gibt es eine Mittagspause von durchschnittlich zwei Stunden, doch nützt sie den meisten wenig, weil man inzwischen weit weg vom Hafen wohnt.
Aus einer neueren Untersuchung geht hervor, daß dem Hafenarbeiter nach Abzug der Kosten für Miete, Kleidung und Arztrechnungen für die Kinder, die nicht von der Krankenversicherung erfaßt sind, gerade 2,10 Mark pro Tag und Familie zum Leben übrig bleiben. Bei einer, dem Durchschnitt entsprechenden, fünfköpfigen Famlie ergibt das 42 Pfennig pro Tag und Person. Und daran gemessen sind die Preise für Lebensmittel hoch, kostet doch ein Pfund Butter 90 Pfennig, ein Kilogramm Brot 20 und ein Pfund Fleisch 60 Pfennig. Und so tragen die Arbeiter noch viele Jahre den größten Teil der Last des Hafenwettbewerbs und den weiteren Ausbau auf ihren Schultern.

Der 1911 eröffnete Elbtunnel, ein weit über die Grenzen Deutschlands beachtetes Ereignis, war notwendig geworden, um die nördlich der Elbe gelegenen Wohngegenden mit den stetig wachsenden Arbeitsplätzen südlich des Stromes zu verbinden.

1913 präsentiert sich Deutschlands größter Hafen als der drittgrößte der Welt. Nur New York und London liegen im Umschlag und der Zahl der den Hafen bedienenden Schiffe vor dem »Tor zur Welt«, und voller Stolz erklingt die Hamburger Hymne von der »Hammonia«, in der es zu Recht heißt: »Stadt Hamburg an der Elbe Auen, wie bist du herrlich anzuschauen mit deiner Schiffe Mastenwald«. 25,5 Millionen Tonnen werden im letzten Friedensjahr umgeschlagen. Das sind rund 4,5% des gesamten Welthandels. Unter hamburgischer Flagge dampfen fast 1.500 Schiffe mit rund 3,1 Millionen Brutto-Registertonnen über die Meere der Welt. Den rund 15.000 Seeschiffen, die Hamburg 1913 anlaufen, stehen insgesamt mehr als 64 Kilometer Liegeplätze zur Verfügung, davon der größere Teil in Form von Kaimauern in den Seeschiff- und Flußschiffhäfen.

Die Großstadt ist zur Weltstadt geworden, ihre Einwohnerzahl auf über 1,075 Millionen Bürger gewachsen. Zählt man die Einwohner Altonas, Harburgs und Wandsbeks dazu, dann sind es mehr als 1,5 Millionen Menschen, die im Hamburger Ballungsraum leben. Was nur wenige Einwohner der Stadt zu diesem Zeitpunkt – wenn auch ohne jede Ahnung vom Umfang der Katastrophe – befürchten, soll bald schreckliche Wirklichkeit werden: ein Völkerkrieg von bis dahin nicht gekannter Dimension. Doch der Erste Weltkrieg wird nicht nur die Welt verändern, er wird Schlimmeres tun, nämlich den ersten Anlaß für einen Zweiten Weltkrieg geben, der entsetzlicher sein wird, als Menschen es sich vorstellen können. Das aber weiß – Gott sei Dank – im Friedensjahr 1913 noch niemand.

Nur wenige Monate bleibt den Super-Passagierschiffen des beginnenden zwanzigsten Jahrhunderts, ihre Großartigkeit einem Publikum zu demonstrieren, das zunehmend mit den Annehmlichkeiten, ja dem Luxus »moderner« Seereisen verwöhnt wird. Der Welt größtes Schiff, die *Imperator* läuft 1912 in Hamburg bei der Vulcan-Werft vom Stapel. Über 52.000 Brutto-Registertonnen (BRT) groß, ist sie ein Schiff der Superlative. Nur für kurze Zeit, denn Blohm & Voss soll zwei noch größere Schiffe an die damals größte Reederei der

Schwimmkräne, Schlepper, Schuten, Passagierdampfer, Frachter, Leichter, Oberländer Kähne, Getreideheber – eine faszinierende Vielfalt bot das Bild des stetig wachsenden Welthafens.

Welt, die HAPAG, liefern, die *Vaterland* mit über 54.000 BRT, die noch in Dienst gestellt wird, und die *Bismarck* mit 56.550 BRT. Damit führen 175 Seeschiffe mit 1,3 Millionen BRT die Flagge des von Albert Ballin geführten Unternehmens. Der *Imperator*, 1913 in Dienst gestellt, und der *Vaterland*, die im Juni 1914 folgt, sind nur eine ganz kurze Zeit des erfolgreichen und friedlichen Einsatzes vergönnt. Was nutzt da schon das »Blaue Band des Atlantik«? Die *Bismarck* läuft nur noch vom Stapel. Sechs Wochen nach dem Stapellauf beendet der Krieg alle Träume von einer deutschen Weltgeltung in der Passagier- und Handelsschifffahrt.

Wenngleich Sackkarre, Kanthaken und Dampfwinden sinnvolle Hilfsmittel waren, bestimmte doch die Muskelkraft den harten Alltag der Kaiarbeiter um 1900.

Die 1913 für die Hamburg-Amerika Linie gebaute 54282 BRT große *Vaterland* wurde während des Ersten Weltkrieges in New York beschlagnahmt und in *Leviathan* umbenannt.

Ein Blick über die Altstadt und das Kaiserhöft, wo sich heute der Kaiserspeicher A befindet, auf die südöstlichen Hafenbecken.

Von Krieg zu Krieg

Der Krieg läßt den Hafen zunehmend veröden. Immer weniger Schiffe laufen den Hafen an, von Monat zu Monat nimmt die Menge der umgeschlagenen Güter ab. Im Vordergrund steht »Militärisches«. Statt Passagiere werden allenfalls Soldaten befördert. Aus Handelsschiffen werden Versorgungseinheiten für die Kriegsmarine und mancher inzwischen mit Kanonen bestückte Frachter tummelt sich als Hilfskreuzer auf den Sieben Meeren. Das Ende zeichnet sich ab. 1918 ist der Krieg vorbei. Die Welt von gestern existiert nicht mehr. Die Hafenbecken im Hamburger Hafen sind leergefegt. Viele Schiffe sind in den vier Kriegsjahren verlorengegangen, sie gingen unter oder wurden beschlagnahmt. Damit nicht genug: Alle Schiffe über 1600 BRT und die Hälfte der Schiffe zwischen 1000 und 1600 BRT müssen nach dem Kriege als Reparationsleistung an die Siegermächte abgeliefert werden, die sich ohnehin vorgenommen haben, den unliebsamen Konkurrenten dauernd unter Kontrolle zu halten und nicht zuzulassen, daß er je wieder im Wettbewerb mit den Siegern eine Rolle spielt.

Es kommt noch schlimmer. Im Friedensvertrag von Versailles, vom 28. Juni 1919, wird bestimmt, daß die gesamte noch übriggebliebene Flotte auszuliefern ist, von der Beschlagnahme aller Auslandsguthaben und der Internationalisierung der deutschen Ströme – also auch der Elbe – einmal ganz abgesehen. Wie immer in solchen Fällen ist Rachsucht kein guter Ratgeber. Denn sie ist auch der Anstoß dazu, daß bereits 1919 der Weg für Entwicklungen geebnet wird, die selbst heute unfaßbar sind.

Die drei »Großen« der HAPAG fahren weiter: Die *Imperator* als *Berengaria* unter britischer Flagge, die *Vaterland* als *Leviathan* unter dem Sternenbanner und die nicht fertige *Bismarck* – nachdem sie auf der Werft fertiggestellt ist – ebenfalls unter englischer Flagge. Sie kreuzt als *Majestic* viele Jahre den Atlantik. Die Alliierten beschlagnahmen die Technik des frühen 20. Jahrhunderts und zwingen den Verlierer, von vorn anzufangen. Der Krieg hat die technische Entwicklung vorangetrieben. So investiert der Verlierer zwangsläufig »in die Zukunft«, während die Sieger mit der »Vergangenheit« verdienen wollen. Und damit ist die Wettbewerbsfrage erneut gestellt. Wie sich doch manche Bilder gleichen! Aber noch ist es nicht soweit, denn vorläufig haben die Deutschen andere Sorgen.

Bilder links: Nur langsam lebte nach Kriegsende die Schiffahrt wieder auf. Am 29. April 1920 wurde auf der Deutschen Werft AG in Hamburg der erste von zwei für die Rotterdamer Reederei G. A. Spliethoff in Auftrag gegebene 7000-Tonnen-Dampfer vom Stapel gelassen und auf den Namen *Beursplein* getauft. Weitere vier 8000-Tonnen-Dampfer wurden von der Frachtdampfer-Reederei von Nievelt, Goudriaan & Co. in Rotterdam bestellt.

Der Frieden bringt zwar das Ende der kriegerischen Handlungen, nicht aber einen schnellen Wiederaufbau der Wirtschaft. Im Gegenteil, die ohnehin durch den Krieg zerrüttete Wirtschaft wird – weil sie die gewaltigen Reparationslasten nicht tragen kann – zeitweilig zum Wiederaufbau unfähig und durch Inflation, Arbeitslosigkeit und politische Uneinsichtigkeit gelähmt. Auch die Kolonien können nicht helfen – denn kaum daß man sie hatte, sind sie schon wieder verloren. Für Hamburg gibt es einen positiven Tatbestand: Der Hafen selbst ist nicht zerstört oder auch nur in seinen Funktionen eingeschränkt. Nur viel zu groß ist er geworden, vergleicht man die Ergebnisse der ersten Nachkriegsjahre mit dem Jahr 1913, dem letzten vollen Friedensjahr:

Im leeren Hafen des Jahres 1921 fegt ein Orkan über die Hansestadt. Die aufgewühlten Wogen der Elbe vernichten eine Mauer am Kronprinzenkai, und der Sturm zerstört zwei elektrische Kräne.

Jahr	Zahl der ankommen-den Schiffe	Netto-Register-Tonnage	Gesamt-umschlag Mio tons	Ein-kommend Mio tons	Aus-gehend Mio tons
1913	15073	14,185 Mio	25,458	16,548	8,910
1919	2234	1,544 Mio	2,343	1,837	506
1920	4808	4,486 Mio	5,798	3,907	1,891
1921	8401	9,421 Mio	11,101	7,502	3,599
1922	10787	12,980 Mio	16,587	10,972	5,615

Erst 1927 erreicht man mit 25 Mio tons Ladung wieder nahezu die Umschlagszahlen des Jahres 1913. Dennoch wird bald die Leistungssteigerung der Kai- und Schuppenanlagen durch Verbesserungen der mechanischen Betriebsmittel erforderlich. Die Eisenbahn, die die Flußschiffahrt als Nachlauftransportmittel weitgehend verdrängt, verlangt nach schnellerer Abfertigung. Wurden vor dem Ersten Weltkrieg von den angelandeten Importgütern noch rund 67% mit Schute, Kahn und Küstenschiff weiterbefördert und nur 20,5% mit der Eisenbahn und 12,5% mit dem Lastkraftwagen, sind es um 1930 nur noch gut 46% die auf dem Wasser weiterbefördert werden, während 26,9% mit der Eisenbahn und 26,5% mit dem LKW laufen. Beim Export spielt naturgemäß die Schute nur eine geringe Rolle. Hier ist es die Eisenbahn, die sich durch den ständigen Ausbau des Schienennetzes wie der Verschiebebahnhöfe und Abstellanlagen im Hafen gegenüber dem Straßenverkehr enorm verbessern kann. Die Zahlen machen das deutlich:

	Vor dem Ersten Weltkrieg	Um 1930
Anlieferung per Eisenbahn	31,4%	57,2%
Anlieferung mit LKW	62,6%	38,5%

Und so wird, ungeachtet aller Schwierigkeiten, die ein verlorener Krieg nach sich zieht, der Hafen betriebstechnisch wie organisatorisch ständig ausgebaut und seine Leistung verbessert. Am 1. April 1920 wird die Zollverwaltung des Freihafengebietes, die seit dem Zollanschluß von 1888 in hamburgischen Händen lag, von den Zollbehörden des Deutschen Reiches übernommen.

Nicht alles, was in Hamburg selbst geschieht, hilft die vielen Probleme lösen. Kaum schweigen die Waffen, als im November 1918 in der Hansestadt ein revolutionärer Arbeiter- und Soldatenrat die »Macht« übernimmt. Dem Kaiserreich folgt der Versuch einer »Diktatur des Proletariats«. Aber man ist schließlich nicht irgendwo, sondern in Hamburg. Kaum hat man Senat und Bürgerschaft und die wichtigen Beamten nach Hause geschickt, holt man sie auch schon zurück, weil man ohne ihre Hilfe nicht mit der katastrophalen Versorgungslage fertig werden kann. Ein Generalstreik bringt schließlich die Demokratie zurück. Man beginnt sich in Hamburg wieder einzurichten. 1921 ist es dann soweit: Die Freie und Hansestadt Hamburg gibt sich eine demokratische Verfassung. Auch diese wird – fast schon selbstverständlich – auch nicht die letzte sein. Erster Bürgermeister ist zu dieser Zeit Dr. Arnold F.G. Diestel als Nachfolger von Dr. Gustav F.D.J. Sthamer.

Selbst die ehemaligen Gegner erkennen bald, daß sich die Knebelung des deutschen Außenhandels und der Schiffahrt – und damit des Hafens – nicht für dauernd aufrechterhalten läßt. Man beginnt »flexibel« zu reagieren, möchte auch mit den Deutschen wieder Geschäfte machen. Geld ist eben doch dicker als Blut. Drei Jahre nach dem Kriege besitzen die hamburgischen Reedereien immerhin wieder rund 750 Schiffe mit ca. 430.000 BRT. Gar manches Schiff wird nach der Auslieferung an den Kriegsgegner zurückgekauft, »repatriiert«. Andere jetzt auf deutschen Werften neu gebaut. So stellt in diesem Jahr auch die Hapag ihren ersten Nachkriegsneubau, die *Bayern II* für den Passagierdienst nach New York ein. Kurz danach folgt die *Württemberg*. Man kann sich – ähnlich wie nach dem Zweiten Weltkrieg – auf die Hilfe der Partner in den USA verlassen, die es dem Hamburger Unternehmen ermöglichen, sich relativ schnell wieder in die alten Linienverkehre einzuklinken.

Im folgenden Jahr bietet die Hamburg-Süd ihre erste Abfahrt im Liniendienst nach Südamerika. Die Reederei, die als Folge des Krieges alle Schiffe verloren hat, rettet ihr ehemaliges Eigentum, die *Cap Polonio* vor dem Verschrotten, kauft sie zurück und baut sie um. Kaum beginnen sich die Verhältnisse etwas zu verbessern, da droht bereits eine neue Katastrophe, die Inflation! Liegt der Wechselkurs 1914 bei 4,20 Mark für den US-Dollar, sind es im Januar

1919 bereits 8,02 Mark, die man für den Dollar ausgeben muß. Genau ein Jahr später müssen bereits 49,10 Mark auf den Tisch geblättert werden, und im Januar 1921 kostet die Währung der US-Amerikaner schon 74,50 Mark. Während sich der Dollar in den nächsten zwölf Monaten gegenüber der Mark in seinem Wert »nur« verdoppelt, bringt das Jahr 1923 den Währungsirrsinn. Im Januar liegt der Kurs für den Dollar bei 7500, im Februar bei 43000,– im August bei 4000000,– und im September 1923 bei 89,9 MILLIARDEN Mark.

Der Sturz der Mark ins Bodenlose – der die einen in die Armut stürzt, geschickte Spekulanten jedoch zu Millionären macht – scheint allerdings gebremst, als die Reichsbank beschließt, einen totalen Währungsschnitt vorzunehmen: Eine Rentenmark für eine Billion Mark! Doch die Hamburger wollten selbst die kurze Zeit bis zur Währungsreform nicht mehr warten. Am 22. September 1923 beschließen die Hamburger Banken, die »Hamburger Bankmark« herauszugeben. Sie überbrückt die kritische Zeit bis zum 17. November 1923 – dem Tag der Rentenmark – und hilft so der Hamburger Wirtschaft, wie den Bürgern, die schlimme Zeit abzukürzen. Das hinter der »Bankmark« stehende Prinzip ist gleichermaßen genial wie simpel: die Firmen geben der gegründeten Hamburgischen Bank von 1923 Devisen. Diese Devisen werden auf Dollarkurs umgerechnet und dagegen erhalten die Unternehmen »Bankmark« und zwar auf Basis eines Wechselkurses von einem Dollar = 4,20 Mark. Die Männer, die diese großartige Idee entwikkeln und ihre Umsetzung beschließen sind u.a. die Bankiers Max Warburg und Hermann Münchmeyer, Präses der Handelskammer, der Präses der Finanzdeputation Carl Cohn sowie der Schiffbauer und Werftbesitzer Rudolf Blohm. Die Topmanager der neuen Bank sind Träger großer Namen: Senator a.D. Johann v. Berenberg-Goßlar und Dr. T.J. Crasemann.

Auch die ebenfalls noch durch Dampf betriebene Eisenbahn war neben den Binnenschiffen ein wichtiges Transportmittel zum Inland.

Der Niederhafen in der Zeit zwischen den Kriegen. An den Pfählen im Strom entstand nach dem Ersten Weltkrieg die »Überseebrücke«. Das Flaggschiff der Hamburg Süd, die 27561 BRT große *Cap Arcona*, ist hier mit zwei Schiffen der Monte-Klasse zu sehen. Im Vordergrund des Bildes, neben dem Viadukt der Hochbahn, die Schuppen der Hamburg-Rhein-Linie.

Es geht wieder aufwärts. Während der Jahre 1923 bis 1925 fallen im Rahmen der Zusammenarbeit mit den Engländern viele der bestehenden Ein- und Ausfuhrverbote. Seit 1923 kann das Deutsche Reich auch seine Zölle wieder selbst festsetzen, ein wichtiges fiskalisches Recht. Leider gibt es immer wieder Geschehnisse, die den Aufbau erschweren. Kurzfristig kommt es im Oktober 1923 zu einem Streik im Hafen. Doch der ist, verglichen mit dem, was kurz darauf folgt, von geringer Bedeutung. Die Kommunisten proben einen Tag später den Aufstand. Eine Bewährungsprobe für die sehr junge Demokratie. Die in den beiden letzten Jahren von Oberst Fromm und Oberstleutnant Danner aufgebaute Ordnungspolizei besteht ihre Feuerprobe. Der Aufstand wird niedergeschlagen, er kostet aber das Leben vieler

Menschen. Fast 1000 Aufrührer und Verdächtige werden festgenommen. Unter ihnen das kommunistische Bürgerschaftsmitglied Levy.
1926 sind die Inflation und viele ihrer Folgewirkungen zu einem großen Teil überwunden. Im Hafen geht es weiter aufwärts. Unter der Hapag-Flagge fahren jetzt schon wieder 175 Seeschiffe mit einer Tonnage von 1,1 Millionen BRT. Eine wichtige Infrastrukturmaßnahme im Hafen kann abgeschlossen werden: Die Freihafen-Elbbrücke wird fertiggestellt. Im folgenden Jahr werden die Grenzen der Nachbarstädte Harburg, Altona und Wandsbek neu festgelegt. Eine Reihe von Landgemeinden werden »eingemeindet«. Alle drei Nachbarstädte sind nach der Neuordnung »Großstädte«. Die Zeit der Selbständigkeit aber nähert sich schnell dem Ende, ist doch der Zusammenschluß mit der Freien und Hansestadt Hamburg nicht mehr fern.
1928 gibt es eine wichtige Vereinbarung zwischen Preußen und der Hansestadt: Beschlossen wird die Hamburg-Preußische Hafengemeinschaft, also die Zusammenarbeit der Häfen von Hamburg, Harburg-Wilhelmsburg und

Die 1871 errichtete Eisenbahnbrücke über die Süderelbe wurde 1899 durch eine Straßenbrücke ergänzt. Die heute nicht mehr genutzte alte Brücke samt ihrer Portale steht jetzt unter Denkmalschutz.

Altona. Unterzeichnet wird der Staatsvertrag im März 1929. Damit ist die Einheit des Hafens hergestellt, eine wichtige Voraussetzung für die weiteren Planungen im Infra- wie im Suprastrukturbereich. Der Erste Bürgermeister Dr. Carl Wilhelm Petersen und Hamburgs Wasserbaudirektor G.L. Wendemuth konnten mit dem Staatsvertrag zufrieden sein, war dem Fortschritt doch eine zusätzliche Gasse geöffnet. Die damalige »offizielle« Stellungnahme zu diesem Zusammenschluß würde man heute allerdings kaum wiederholen, freute man sich doch, daß der »unzweckmäßige Wettbewerb innerhalb eines geschlossenen Wirtschaftsgebietes damit beendet würde«. Aber vielleicht täuscht man sich in dieser Frage auch, denn der eine oder andere kann sich angesichts der vor uns liegenden Probleme der Liberalisierung des gesamten Verkehrswesens in der EG wohl vorstellen, daß es mit weniger Wettbewerb einfacher sein könnte.

Die Hamburger Werften erhalten wichtige Aufträge wie zum Beispiel die Werft Blohm & Voss, die vom Norddeutschen Lloyd, Bremen, den Auftrag für den Bau der *Europa* erhält. Das Jahr 1928 bringt dem Hafen interessante Ladungszuwächse. Der Umschlag übersteigt 29,8 Millionen Tonnen. Im Seeschiffaufkommen übertrifft der Hafen Hamburg zum ersten Mal in der Nachkriegszeit die Häfen Rotterdam und Antwerpen. Alle Überseerelationen werden von Hamburg aus bedient. Der Hafen ist wieder Universalhafen für Stück- und Massengut, denn die Ausrüstung an den Umschlagsplätzen ist weiter verbessert worden. Eine Armada von Umschlagsgeräten steht im Einsatz: 937 fahrbare Kaikräne, 181 feststehende Kräne an Kaischuppen und Freilagerflächen, 24 Schwimmkräne, 8 Schwimmgreifer, 6 schwimmende Kohlenheber und 22 schwimmende Getreideheber. Und es gibt inzwischen 84 Kaischuppen.

Werfthellinge, Schwimmdock und 200-Tonnen-Kran der Howaldtswerke auf dem Gelände der ehemaligen Vulkanwerft zeigt dies stimmungsvolle Bild des Hamburger Fotografen H. v. Seggern.

Die 1928 gebaute *Europa* (49746 BRT) des Norddeutschen Lloyd im Hamburger Hafen. Ein Schiff mit bewegter Zukunft: 1945 an die USA abgeliefert, 1947 an Frankreich und in *Liberté* umgetauft, fuhr das Schiff unter diesem Namen, bis es 1962 in La Spezia abgewrackt wurde.

1929 wird die Straßenbrücke über die Elbe (parallel zur Eisenbahnbrücke) dem Verkehr übergeben. Eine wichtige Verbindung zum Ladungshinterland ist damit hergestellt. Hamburg ist zum Heimathafen von 600 Schiffen mit 2 Millionen BRT geworden. Doch schon wieder zeigen sich Gewitterwolken am Horizont. Der »schwarze Freitag«, der 25. Oktober 1929 mit dem amerikanischen Börsenkrach, leitet eine Weltwirtschaftskrise ein. Sie hat verheerende Folgen für Deutschland und vor allen Dingen auch für Hamburg, seinen Außenhandel, seine Schiffahrt und für den Hafen.

Es folgt die Zeit der Notverordnungen, die helfen sollen, der entsetzlichen Lage Herr werden zu können. Und – fast zwingend – beginnt erneut eine Zeit der politischen Radika-

Die Große Hafenrundfahrt 1937. Braunhemden und Uniformen mit Hakenkreuzen dominieren auf diesem Erinnerungsfoto. Kaum jemand ahnt wohl, daß man sich einige Jahre später an diese Kleidung nur noch ungern erinnern wird.

lisierung. Rund 18 Monate nach dem Bankendesaster in den USA liegen als Folge der Krise im Waltershofer Hafen – jetzt auch Schiffsfriedhof genannt – mehr als 100 Schiffe auf. Die Radikalisierung ist nicht aufzuhalten. 1932 wird zum Schreckensjahr vieler Altonaer. Der Altonaer Blutsonntag trägt bürgerkriegähnliche Züge. Zwischen 7.000 und 10.000 Nationalsozialisten veranstalten einen Demonstrationsmarsch in das »rote Altona«. Sie werden von den Dächern, aus Fenstern und Eingängen beschossen. Siebzehn Tote, meist unbeteiligte Bürger, sind zu beklagen. Die Polizei greift zwar ein, handelt es sich doch um eine genehmigte Demonstration, doch kann sie nicht sicherstellen, daß der Marsch der Nazis ohne Blutvergießen verläuft. Die braunen Hitleraner fühlen sich ohne Zweifel wegen der politischen Entwicklung, die ihnen ein zunehmendes Übergewicht im Senat der Stadt signalisiert, veranlaßt, den politischen Gegner zu provozieren. Nach der Wahl von 1924 kamen nur vier Nazis in die Bürgerschaft, 1927 sogar nur noch zwei und 1928 sind es drei. Doch dann laufen den Braunhemden die Wähler in Scharen zu. 1931 kommen 43 Nazis in die Bürgerschaft und liegen damit knapp hinter der SPD mit 46 Abgeordneten, während die KPD 36 Genossen in die Bürgerschaft entsenden kann. 1932 schafft es die Hitlerpartei, die größte Fraktion zu stellen. Mit 51 Abgeordneten liegt man vor der SPD mit 49 Volksvertretern, während die KPD auf 26 Mandate schrumpft. Der Grund für diese Entwicklung liegt auf der Hand: während in Hamburg 1931 noch 121.000 Arbeitslose gezählt werden, sind es 1932 schon 173.000.

Die langsam einsetzende wirtschaftliche Erholung bringt keine Hilfe mehr. Im Hafen geht es nach einem konjunkturellen »Zwischenhoch« (nach Überwindung der Inflationsfolgen) wieder bergab. Von 1928 bis 1932 fällt der Gesamtumschlag von fast 30 Millionen Tonnen auf unter 20 Millionen. Auch die nächsten Jahre bringen dem Hafen keine besseren Ergebnisse. Erst als der Zweite Weltkrieg unmittelbar vor der Tür steht, hat man sich ein wenig erholt und ist wieder bei etwas mehr als 25 Millionen Tonnen Gesamtumschlag angekommen.

Am 30. Januar 1933 ist die Weimarer Republik nur noch Erinnerung. Die NSDAP und ihr Führer übernehmen die Macht in Deutschland. Viel ist den Massen versprochen worden, und scheinbar wird sich auch manches erfüllen. Wenigstens sieht es für einige Jahre so aus. Doch am Ende steht die totale Zerstörung des Reiches.

Zunächst geht es anscheinend wieder aufwärts. 1935 wird im Hafen eine wichtige Entscheidung getroffen. Die Staatliche Kaiverwaltung fusioniert mit der Hamburger Freihafen-Lagerhaus-Gesellschaft. Der neue Name: »Betriebsgesellschaft der Hamburgischen Hafenanlagen«, der Allgemeinheit besser bekannt unter dem Namen, den die Betriebsgesellschaft seit 1939 trägt: Hamburger Hafen- und Lagerhaus Aktiengesellschaft.

1937 ist das Jahr des Groß-Hamburg-Gesetzes. Vier Großstädte bilden das neue Groß-Hamburg: Altona, Wandsbek, Harburg-Wilhelmsburg und Hamburg. Die Stadt hat jetzt 1.681.187 Einwohner. Von vielen unbemerkt, wird die Stadt »umgetauft«. Ihr neuer Name: »Hansestadt Hamburg«. Das »Freie« ist verschwunden. »Nomen est omen« kann man da nur sagen. Und es dauert nicht lange, da bricht der Zweite Weltkrieg aus. Und noch ein Omen: Wieder liegt, wie im Sommer 1914, ein halbfertiges und noch namenloses Passagierschiff für die HAPAG auf den Helgen. 36.000 BRT soll es messen und größtes Schiff der neuen HAPAG-Flotte werden, bestimmt für die Paraderoute der Leute vom »Alsterdamm«. Es wird nie die Flagge der Compagnie hissen. Erst wenn der Alsterdamm wieder Ballindamm heißt, kommen bessere Zeiten für die deutsche Schiffahrt – doch um welchen Preis.

Wenige Jahre einer Euphorie der Fehleinschätzung bleiben, dann kündigt sich das Ende an: Zwischen dem 24. Juli und dem 3. August 1943 sterben – im wahrsten Sinne des Wortes – die Stadt und ihr Hafen. Bis zum Kriegsende (für Hamburg der 3. Mai 1945) bleibt den Hamburgern nur noch eines: die Angst vor dem Tod und die Hoffnung zu überleben. Im Hafen tut sich wenig. Wieder sind es im wesentlichen Versorgungs- und Kriegsgüter, die den Umschlag bestimmen, der bereits 1939 auf unter 7,5 Millionen Tonnen

Lichter über dem nächtlichen Hafen. An den Landungsbrücken wehen die Hakenkreuzfahnen. Es sollte nicht mehr lange dauern, bis ein grauenvoller Krieg diese Lichter verlöschen läßt und weite Teile des Hafens und der Stadt in Schutt und Asche legt.

Ausgebrannte Schuppen, zerstörte Kräne, zerschlagene Kaimauern. Der Krieg hat seinen Tribut gefordert. Nur 9,8% der Schuppen waren 1945 noch betriebsfähig.

abgesunken ist. In dieser Größenordnung geht es bis 1944 weiter. Dann, 1945, ist der tiefste Punkt erreicht: Nur rund 2 Millionen Tonnen werden bewegt, jetzt im wesentlichen bereits im Rahmen von Leistungen, die für die alliierten Siegermächte erbracht werden müssen.

Der Frieden ist da. Wie anders aber sieht das Ergebnis im Hamburger Hafen aus, verglichen mit der Situation vor 27 Jahren. Nahezu 80% der Hafen- und 44% der Industrieanlagen (davon ein großer Teil im Hafen) sind zerstört oder funktionsunfähig. Total zerstört sind im Hafen rund 60% der Einrichtungen. Die Stadt hat ihre Handelsflotte weitgehend verloren. Von 2,3 Millionenen BRT Schiffraum (1939) verbleiben den Hamburger Reedereien nur einige veraltete kleine Fahrzeuge mit zusammen 49.000 BRT. Im Hafen selbst liegen 312 Schiffe mit fast 170.000 BRT zerstört auf Grund, 3000 Schiffe beschädigt an den Kais. Große Teile der Hafenbahn-Gleisanlagen sind zerstört. Das gleiche gilt für viele Brücken im Hamburger Hafen. Es sind nur wenige Menschen, die in diesen Tagen an die Zukunft von Stadt, Hafen und Schiffahrt glauben. Zu schwer sind die Zerstörungen und außer dem Morgenthau-Plan, der allenfalls die Ernährung der Deutschen auf niedrigem Niveau sichern kann, ist zunächst nichts zu hören, was zu Optimismus Anlass geben könnte. Das kommt erst später! Wie nach dem Ersten Weltkrieg! Doch für die Menschen ist nur wichtig, daß der Krieg vorbei ist.

Und wieder einmal Wiederaufbau

Der Aufbau nach 1945, erst schleppend einsetzend, gewinnt nach der Währungsreform 1948 an Fahrt. Wieder einmal verlieren die Deutschen ihr Geld, wenn diesmal auch nur 1:10. Allerdings nur bezogen auf jenes Geld, das nachweislich »ordnungsgemäß« erworben wurde. Das auf dem Schwarzmarkt verdiente Geld kann man getrost dem Mülleimer anvertrauen. Im wesentlichen sind nur die »Nachkriegsgewinnler« rechtzeitig auf »Sachwerte« umgestiegen. – Jetzt, nachdem es wieder eine mit dem Wechselkurs von DM 4,20 für den US-Dollar ausgestattete deutsche Währung gibt, verflüchtigt sich in wenigen Monate alle Knappheit. Das Geld ist etwas »wert« und das Wirtschaftswunder, noch ein Kind im Babyalter, wird bald zum kräftigen Burschen heranwachsen, der den Menschen in diesem Lande eine Reihe von »Wellen« bringt, von der »Freßwelle« bis zur »Autowelle«.

Bemerkbar macht sich allerdings die lange Isolation vom Rest der Welt. Manches was im letzten Jahrzehnt, vor allen Dingen in Übersee, geschehen ist, wird übersehen oder auch falsch eingeschätzt. So wird der Hafen Hamburg zielstrebig wieder aufgebaut, ohne daß man sich »tiefschürfend« mit den sich abzeichnenden Veränderungen in der Transporttechnologie und der Logistik in der Neuen Welt auseinandersetzt. Kein Wunder, denn es gilt zunächst einmal, die Leistungsfähigkeit des Hafens soweit wiederherzustellen, daß die Umschlagskapazitäten ausreichen, um mit der Entwicklung Schritt zu halten. Das sieht in den anderen kontinentaleuropäischen Häfen wie in den übrigen Regionen Europas und selbst in Übersee nicht nennenwert anders aus.

Doch der Krieg hat neue Ideen im Verkehrswesen auf den Weg gebracht, die eines Tages gerade den Häfen einiges abverlangen werden und die den Verkehr über die Meere revolutionieren. Was war geschehen? Nun, die Amerikaner hatten, um ihre Nachschub- und Versorgungsleistungen der im Pazifik kämpfenden Truppe zu optimieren, viele zigtausend »Container« zum Einsatz gebracht. Mit Hilfe dieser Container, von denen je einer auf einem US-Army-Truck Platz hatte, gelang es, die große logistische Leistung, die der pazifische Inselkrieg erforderte, zu erbringen.

Doch zurück zur ersten Nachkriegszeit. In den Jahren 1946 bis 1952 werden eine Reihe von Anlagen wiederhergestellt, in den ersten Monaten nach Kriegsende sogar trotz bestehender Verbote. Ab 1947 läuft fast alles wieder »legal«, denn die Beschränkungen sind weitgehend aufgehoben. Geld ist kaum vorhanden, doch klappt die Finanzierung, wenn auch mit »Haken und Ösen«. Nicht nur die Schuppen müssen wieder aufgebaut werden, gleichermaßen wichtig und dringlich ist die Beseitigung der unzählbaren Wracks und schwer beschädigten Schiffe, die in den Hafenbecken, an den Kais, aber auch im Fahrwasser liegen und den Zu- und Ablauf der Schiffe erheblich beeinträchtigen. Das Wort »unmöglich« haben die Hamburger in diesen Jahren aus ihren Wörterbüchern gestrichen. Schnell werden die selbst teilweise beschädigten Schwimmkräne repariert und eingesetzt. »Wer muß, der kann!« Und schon 1948 sind wieder zehn Eimer- und Greifbagger im Einsatz, die Millionen Kubikmeter Schlick und Sand vom Grund der Elbe holen und Fahrwasser und viele Hafenbecken auf die erforderliche Wassertiefe bringen.

Verbunden ist der Wiederaufbau mit einer Modernisierung vieler Anlagen. An die Stelle alter Holz- und Eisenkonstruktionen tritt der Stahlbeton. Die Kaimauern, angelegt für für Schiffe, die man heute mit dem Adjektiv »klein« belegen würde, müssen erhöht werden. Abgesehen von den enormen Investitionssummen gibt es bei den Baustoffen auch fast drei Jahre nach dem Krieg immer noch Versorgungsprobleme. Zu den ersten wiederentstehenden Anlagen gehören die Schuppen im Kaiser-Wilhelm-Hafen, Teile des Kuhwärderhafens, des Südwest-, India- und Hansahafens. In Betrieb genommen werden Schuppen im Segelschiffhafen, im Baakenhafen und im Sandtorhafen. Typisch für die neuen Anlagen ist die getrennte Abfertigung für Lastkraftwagen und Eisenbahn. Für die Eisenbahn werden die Gleise an der Wasserseite verlegt, sodaß der direkte Umschlag rationell praktiziert werden kann, während die Lastkraftwagen ausschließlich an der Landseite abgefertigt werden. Um auf Mehrverkehr flexibel reagieren zu können, wird in vielen Fällen ein zusätzliches Eisenbahngleis auf der Stra-

Eine schwere Aufgabe lag vor den Arbeitern der Bergungsfirmen. Fast 3000 Wracks lagen im Hafen und der Elbe.

Der US Army Container wurde der Beginn einer Revolution des überseeischen Transportwesens.

Von diesen Schiffen stiegen Helmtaucher zu den Wracks hinunter, legten Sprengladungen, befestigten Trossen und Bergungspumpen und trennten mit Unterwasserschneidegerät die im Fahrwasser liegenden Hindernisse. Eine schwere und der Gesundheit abträgliche Arbeit im kalten Wasser der Elbe.

Eisenbahnwaggons werden vor Schuppen 75 entladen.

An der Landseite der Kaischuppen werden an der Rampe die Lastkraftwagen be- und entladen.

ßenseite eingepflastert, damit der Straßenverkehr nicht behindert wird. Auch die Kräne verändern ihr Profil. Immer mehr der bis dato üblichen Halbportalkrane verschwinden und machen modernen Vollportalkränen Platz. Das »Preis-/Leistungsverhältnis« wird zur Bewertungsgröße für die Wettbewerbsfähigkeit.

Wenn auch alle froh sind, daß es wieder bergauf geht, sind dennoch nicht alle zufrieden mit dem, was für sie dabei herausspringt. So die Hamburger Hafenarbeiter, die im Januar 1948 zunächst in einen »legalen« Streik eintreten, ihn später aber als wilden Streik fortführen. Kein Wunder, wenn man bedenkt, daß sie immer noch auf den Lohnstandard von 1929 festgeschrieben sind und im übrigen nur gelöhnt werden, wenn Arbeit anfällt. So wenigstens bezogen auf die nichtständigen Hafenarbeiter. Und – fast selbstverständlich – geht es auch um die Versorgung mit Lebensmitteln und Gütern des täglichen Bedarfs, denn noch hat die Währungsreform nicht in wundersamer Weise die Schaufenster aller Geschäfte wieder mit den Dingen gefüllt, die das Herz begehrt. Und so ist es im Januar 1948 für die Hafenarbeiter schon von großer Bedeutung, ob sie die »gehaltvollere« Schwerarbeiterkarte bekommen oder als »Otto Normalverbraucher« von weniger Kalorien leben müssen. Es kommt zu scharfen Reaktionen. Erste Schiffe werden umgeleitet, und das in einer Zeit, wo das Löschen der Schiffe meistens gleichbedeutend mit Versorgung ist. Doch die Vernunft kehrt bald zurück. Nach vier Tagen wird die Arbeit wieder aufgenommen.

Größtes Handicap im Hafen bleibt die Reichsmark, die im privaten Bereich längst von der Zigarettenwährung abgelöst ist. Doch damit ist selbst im »Freihafen« schwer der Geschäftsbetrieb großer Unternehmen abzuwickeln. Und selbstverständlich sind unter solchen Umständen die Besitzer wertvoller Waren und Versorgungsgüter nicht daran interessiert, ihre kostbaren Güter dem alsbaldigen Verbrauch zuzuführen. Das Ergebnis drückt sich in überfüllten Schuppen und Lagerhäusern aus, die eine ordnungsgemäße Abfertigung der Ladung der Schiffe fast unmöglich machen. Fast jeder wartet auf den erlösenden Schritt, der einfach kommen muß, wenn Wirtschaft und Handel wieder florieren sollen: den Währungsschnitt, der zu einer auch international wieder einsetzbaren Währung führt. Es wird nicht mehr lange dauern, und die Deutsche Mark ist da.

Zunächst ist das Ergebnis im Hafen durchaus nicht erfreulich. Kein Wunder, denn plötzlich ist das Geld knapp, und erst muß verdient werden, was man ausgeben will. Aber auch diese kritische Phase wird überwunden.

Für die Hafen-Hamburger schlimmstes, weil auf unabsehbare Zeit festgeschriebenes Ergebnis des Zweiten Weltkrieges ist die Teilung des Deutschen Reiches in zwei Staaten und damit der Verlust des Haupt-Ladungshinterlandes. Nur die Partner in Prag sind – nicht zuletzt Dank der Elbe – relativ schnell wieder mit einem wesentlichen Teil ihres Umschlages in Hamburg, obgleich die wirtschaftspolitische Ausrichtung immer noch ihren Schwerpunkt in den Rheinmündungshäfen hat. Die DDR versucht sich weitgehend der eigenen Ostseehäfen zu bedienen. Alles in allem eine für Hamburg unerfreuliche Situation mit nur geringen Aussichten auf grundsätzliche Besserung der Verhältnisse. Zweifellos liegt die wichtigste Tat des damaligen Vorstandsvorsitzenden der HHLA, Ernst Plate (in seinem für die damalige Zeit nicht selbstverständlichen politischen Realismus), in dem Bemühen, seine »Politik der Elbe« durchzusetzen. Sie hat zum Ziel, in einer Zeit, lange bevor es offizielle Kontakte zwischen den beiden deutschen Staaten gibt, für den Hafen Hamburg zu werben und zu erreichen, daß es zu einer »Normalisierung« der Beziehungen zwischen den beiden deutschen Staaten auf dem Gebiet der Verkehrswirtschaft kommt. Die gestellten Ziele werden zu einem erheblichen Teil erreicht. Kein Zweifel, daß diese »hamburgische« Politik der ersten Nachkriegszeit noch heute in ihrer Bedeutung kaum überschätzt werden kann.

Im Beginn des sich abzeichnenden Wirtschaftswunders konnte man dieses Schild häufig an den Pollern der Kaimauern sehen.

Mit dem Beginn der fünfziger Jahre macht sich das »Wirtschaftswunder« auf den Weg. Erst ganz langsam, dann schneller verläuft die wirtschaftliche Konjunktur. Immer mehr Mittel werden in den Ausbau der Wirtschaft gesteckt. Insgesamt investiert die Stadt in den Jahren bis 1952 rund 200 Mio. DM für den Wiederaufbau. Eine Neuerung von besonderer, weil sehr zukunftsträchtiger Bedeutung setzt sich Anfang der fünfziger Jahre im Hamburger Hafen durch: der Gabelstapler, zunächst mehr als Fork-lift-truck bekannt, was auf seine Herkunft hinweist. Dieses besonders wendige und leistungsfähige Flurförderzeug bringt den größten Rationalisierungserfolg der Nachkriegszeit, ist es doch jetzt mit Hilfe der Palette möglich, bereits relativ große Ladeeinheiten zu transportieren, umzusetzen und zu stapeln und dabei beachtliche Höhenunterschiede zu überwinden. Die Sackkarre, Universalgerät für Generationen von Hafenarbeitern, wird schnell zum Museumsstück. Dieser Stapler, wie er kurz genannt wird, ist mehr als das, was seine Leistung ausmacht, denn er ist auch – was damals natürlich keiner wissen kann – der Vorläufer des Torladers (Straddle Carrier), mit dessen Hilfe die später einsetzende Revolution in Umschlag und Transport durch den Container erst wirtschaftlich sinnvoll praktiziert werden kann. Dennoch wird der Gabelstapler die Anhänger der Einheitsladung später in die Irre führen, weil sie auf die Palette gesetzt haben, was manche Unternehmen das Leben kostet.

Der hamburgische Außenhandel, stets wesentliche Stütze des Hafenumschlages, erholt sich langsam. Nachdem 1947 die Bizone (englische und amerikanische Besatzungszone) entstanden und die JEIA (Joint Export and Import Agency) gegründet ist, geht es an den Neuaufbau des Geschäftes. Alle Lieferverträge müssen im Namen der JEIA abgeschlossen und viele Einschränkungen hingenommen werden, doch geht es fraglos aufwärts. Auch nach der Konstituierung der Bundesrepublik Deutschland bleiben manche Importbeschränkungen. Aber schon 1951 erreicht die Bundesrepublik erstmalig nach dem Kriege eine ausgeglichene Handels-

Der Gabelstapler, ein technisches Hilfsmittel, das die Arbeit erheblich erleichterte. Vor Einführung der Palette war es jedoch noch erforderlich, durch mühsames Unterlegen von Vierkanthölzern den Freiraum für die Hebegabel zu schaffen.

bilanz, was – denkt man an den Riesenbedarf des geschundenen Landes an ausländischen Versorgungsgütern – fast schon ein kleines Wunder für sich ist. – Immer stärker wird der Hafen gefordert, überschreiten die Exporte des hamburgischen Außenhandels 1954 doch bereits die Zwei-Millarden-Grenze. Fast 60 Prozent dieser Exporte gehen nach Übersee, besonders nach Nord- und Lateinamerika, Afrika und Australien. Hauptanteil der Ausfuhren bilden Halb- und Fertigfabrikate. Als Eingangstor für die Importe der Bundesrepublik stärkt der Hamburger Hafen seine Position laufend und wird bald zum Haupteinfuhrhafen für Kakao, Tee, Kaffee, Gewürze, Gummi, Trockenfrüchte, Häute und Felle, Gemüse- und Obstkonserven, Tabak und viele andere Produkte. Eine große Rolle für die Versorgung des Landes spielen darüber hinaus die umgeschlagenen Rohprodukte wie Kohle, Erze, Phosphate, Ölsaaten usw.

Bei den Werften dauert es noch manches Jahr, bis man wieder in den Wettbewerb eingreifen darf. Erst nach dem 4. April 1951, als für den deutschen Schiffbau fast alle Größen- und Geschwindigkeitsbegrenzungen aufgehoben werden, kann Hamburgs Werftindustrie, seit Jahrzehnten führender Industriezweig der Hansestadt, seine Geschäfte wieder aufbauen und als gleichberechtigter Partner im internationalen Schiffbau auftreten. 56 Seeschiffe mit 265.000 BRT entstehen auf hamburgischen Werften im Jahr 1958. Schon zwei Jahre später schwelgt man in Superlativen: Am 25. Juli 1953 läuft bei Howaldt der größte Tanker der Welt, die *Tina Onassis* vom Stapel; ein Jahr später die *Al Malik Saud Al Wal*, die noch größer ist als ihre Vorgängerin. Der Bedarf an Tonnage ist groß. Nicht nur, daß der Krieg ganze Handelsschiffsflotten vernichtet hat, auch die für den »Kriegseinsatz« gebauten Schiffe amerikanischer Serienproduktion entsprechen nicht mehr dem geforderten Standard einer leistungsorientierten Schiffahrt im Verkehr zwischen den Industrienationen der Welt. Dazu kommt der schnell wachsende Warenaustausch und – leider – auch der Bedarf an Tonnage für die Versorgung von Truppen, denn immer wieder flackert Krieg an verschiedenen Stellen der Welt auf.

Der Ausbau der Hafenanlagen im Hamburger Hafen verläuft weiter »planmäßig«, verabschiedet doch der Senat 1953 bereits den dritten Aufbauplan mit einem Finanzvolumen von 150 Mio. DM. Eine Reihe wichtiger Baumaßnahmen werden durchgeführt. Dazu gehört auch die Einrichtung der ersten Radarstation auf Waltershof Mitte der fünfziger Jahre. Sie ist erster Bauabschnitt der später größten Radarüberwachungskette die einen Schiffahrtsweg sichert.

Ein Seeschiff hat im Strom an den Duckdalben festgemacht und löscht Säcke mit Kakaobohnen in Schuten. Eine Arbeit, bei der Tallymann, Winschmann, Decksmann und Ewerführer gut harmonieren müssen.

Und Sicherheit wird von nun an eine nicht mehr abreißende Forderung in allen Bereichen des Verkehrs. – Am 1.1.1955 tritt ein neues hamburgisches Hafengesetz in Kraft. Hauptinhalt ist das Hafenverkehrsrecht.
Der Umschlag im Hamburger Hafen wächst kontinuierlich. 1950 beträgt die insgesamt umgeschlagene Gütermenge wieder über 10 Millionen Tonnen, nachdem 1946 noch weniger als 5 Millionen Tonnen Ladung über den Hafen liefen. Von jetzt an geht es steil bergauf. Schon 1955 nähert man sich der 25-Millionen-Marke, und ein Jahr später werden fast 27 Millionen Tonnen umgeschlagen. Der Ausbau des Hafens, einhergehend mit der ständigen Verbesserung der Infrastruktur und der Verkehrsanbindungen, schreitet fort. Immer kleiner werden die Trümmerabschnitte an den Kais und immer moderner wird das Gesicht des Hafens, der seine Position als erster deutscher Hafen mit Erfolg verteidigt und ausbaut. Die deutsche Handelsflotte wächst in beachtlichem Umfange. Von 95.000 BRT steigt sie zum Jahresende 1955 auf 2,65 Mio. BRT. Und als 1956 die Suez-Krise für einen Augenblick die Gefahr eines Krieges vor den Toren Europas heraufbeschwört, da löst der nachfolgende Boom auf den Seefrachtmärkten eine Welle der Bestellung neuer Schiffe aus. So wächst die deutsche Handelsflotte weiter, obgleich vielen Reedern bei dem Risiko einer nur durchschnittlichen Höhe der Eigenmittel zwischen 10 und 20 Prozent nicht sonderlich wohl gewesen sein wird.
Die Welt verändert ihr politisches Gesicht. Das gilt besonders für das westliche Europa, das sich kurz nach Kriegsende bemüht, zu einem »geeinten« Europa zu kommen. Der Weg ist schwierig, und nichts klappt schon im ersten Anlauf. Ausgelöst wird das Bestreben nach einer europäischen Integration durch eine französische Regierungserklärung vom 9. Mai 1950, die nach dem damaligen französischen Außenminister »Schuman-Plan« heißt. Ziel ist es, die Beziehungen der ehemaligen Kriegsgegner auf eine neue und zukunftweisende Grundlage zu stellen. Während die Verhandlungen über den Schuman-Plan zur Errichtung der Europäischen Gemeinschaft für Kohle und Stahl (ab 1.1.1952) führen, scheitert ein anschließend ausgehandelter Vertrag über die Gründung einer Europäischen Verteidi-

Seeschiffe aus Israel und Südafrika haben hier am Schuppen 81 festgemacht.

gungsgemeinschaft am französischen Parlament. Aber noch steht der Schrecken des »Tausendjährigen Reiches« und seiner katastrophalen Auswirkungen als Motor aller Einigungsbemühungen zur Verfügung. Die Mitglieder der Montanunion (Benelux, Frankreich, Italien und Bundesrepublik) raffen sich zu neuen Bemühungen um den Fortschritt der Integration auf, die dann Stück für Stück Realität wird.
Am 25. März 1957 kommt es zum Vertrag über die Gründung der Europäischen Wirtschaftsgemeinschaft, der am 1. Januar 1958 in Kraft tritt. Die Aufgabe des Vertrages wird in Artikel 2 abgehandelt, in dem es heißt: Aufgabe der Gemeinschaft ist es, durch die Errichtung eines Gemeinsamen Marktes und die schrittweise Annäherung der Wirtschaftspolitik der Mitgliedstaaten eine harmonische Entwicklung des Wirtschaftslebens innerhalb der Gemeinschaft, eine beständige und ausgewogene Wirtschaftsausweitung, eine größere Stabilität, eine beschleunigte Hebung der Lebenshaltung und engere Beziehungen zwischen den Staaten zu fördern, die in dieser Gemeinschaft zusammengeschlossen sind.«
Für das Verkehrswesen (und damit für die Häfen) besonders wichtig ist der Titel IV »Der Verkehr«, der bekräftigt,

daß die Mitgliedstaaten (Artikel 74) das Ziel einer gemeinsamen Verkehrspolitik verfolgen. Bezüglich der Durchführung (Artikel 75) heißt es u.a.: »Zur Durchführung des Artikels 74 wird der Rat unter Berücksichtigung der Besonderheiten des Verkehrs bis zum Ende der zweiten Stufe einstimmig, danach mit qualifizierter Mehrheit, auf Vorschlag der Kommission und nach Anhörung des Wirtschafts- und Sozialausschusses sowie der Versammmlung ... gemeinsame Regeln aufstellen; ... die Bedingungen festlegen; ... Vorschriften erlassen.« Die administrative Maschinerie läuft nur langsam an, und als man bei der praktischen Arbeit angekommen ist, da redet man nur noch über den grenzüberschreitenden Verkehr in der Gemeinschaft und vergißt – mehr oder weniger – die eigentliche Aufgabe.

Erst nachdem der Europäische Gerichtshof am 22. Mai 1985 in einem Urteil, das vom Europäischen Parlament durch eine Untätigkeitsklage gegen den Rat der Verkehrsminister erstritten wird, feststellt, daß der Rat es unter Verletzung des Vertrages unterlassen hat, die Dienstleistungsfreiheit auf dem Gebiet des internationalen Verkehrs sicherzustellen und die Bedingungen für die Zulassung von Verkehrsunternehmern zum Verkehr innerhalb eines Mitgliedsstaates, in dem sie nicht ansässig sind, festzulegen, werden nicht nur die Politiker hellwach. Jetzt entsteht Hektik bei den Verkehrssparten und die große Auseinandersetzung um die künftige Verkehrsordnung setzt ein. Doch darüber später mehr.

Als Mitte der fünfziger Jahre der Umschlag stagniert, kommt Sorge auf, ob man den Anschluß an die ständig wachsenden Rheinmündungshäfen wohl endgültig verlieren werde. Diese Sorge ist – Gott sei Dank – nicht begründet, denn 1957 geht es wieder aufwärts, und 1959 werden rund 30 Millionen Tonnen umgeschlagen. 230 Liniendienste bedienen wieder den Hamburger Hafen. Bis 1958 sind (innerhalb kürzester Zeit) weitere Umschlagseinrichtungen geschaffen, wobei zunehmend neue Spezialanlagen entstehen. Andere Sorgen aber sind so unberechtigt nicht, denn das Jahr 1955 bringt gewaltige Veränderungen bei den Lohnkosten.

Die örtlichen Bosse der Gewerkschaft »Öffentliche Dienste, Transport und Verkehr« (ÖTV) ringen, unterstützt von ihrem Hauptvorstand, den Tarifpartnern hohe Lohnzugeständnisse ab. Zwar gibt es viele Stimmen bei den Verantwortlichen für die Sozialpolitik in den Häfen, die sich den Forderungen ÖTV verweigern wollen, doch schließt der die Interessen aller bundesdeutschen Häfen vertretende Zentralverband deutscher Seehafenbetriebe doch mit der ÖTV

1953 und 1954 wurden bei den Howaldtswerken für den griechischen Reeder Onassis die seinerzeit größten Tankschiffe *Tina Onassis* (45000 tdw) und *Al-Malik-Saud Al-Awal* (47000 tdw) gebaut.

Die Michaelis-Kirche, kurz der »Michel« genannt, ist weit über dem Hafen sichtbar, das Wahrzeichen Hamburgs.

ab, um den drohenden Streik zu vermeiden. Aber damit ist noch kein Arbeitsfriede gesichert.Im Februar 1955 waren es 6,5% gewesen und schon im November desselben Jahres werden die Löhne erneut um 7,38% erhöht. Infolge der Arbeitszeitverkürzung von 48 auf 45 Stunden steigen die Lohnkosten noch einmal um 6,7 und am 1. März 1957 kommen weitere 7,1% dazu. Ein hoher, vielleicht zu hoher Preis für die Erhaltung des Arbeitsfriedens, denn von nun an werden alle weiteren Lohnerhöhungen auf diesen »Hochlohn« bezogen.

Im April 1957 wird das Hafengeld um 20% erhöht. Es ist die erste Angleichung seit 1930. Dennoch folgt Kritik auf dem Fuße, obgleich andere Häfen ein viel höheres Hafengeld berechnen. Erstaunlich und erschreckend zugleich ist die Tatsache, daß die Kritik überwiegend aus dem unmittelbaren Umfeld kommt (wie den Schiffsmakler und der Spedition, aber auch aus Kreisen der Handelskammer) und weniger aus den Reihen der Kunden, also der Reeder. Bei dieser Eigentümlichkeit wird es auch in Zukunft bleiben. Allerdings mit dem Unterschied, daß sich später die Kunden nicht selten der bequemen Möglichkeit bedienen, ihre Kritik dann »aufzusatteln«, wenn die Hamburger selbst die Argumente liefern.

Zehn Jahre nach der Währungsreform liegt das Investitionsvolumen für den Wiederaufbau des Hafens bei 400 Millionen DM. Selbst 1958 wird, sieht man von den vielen technischen und organisatorischen Detailverbesserungen im Rahmen des praktizierten Lager- und Umschlagsprinzips ab, nicht über wirklich neue und umwälzende Technologien gesprochen. Allenfalls ist eine gewisse Unruhe darüber zu spüren, wie es in Zukunft weitergehen wird. Dennoch wird man viele weitere Jahre am Althergebrachten festhalten und selbst in den sechziger Jahren Einrichtungen schaffen, die, kaum, daß sie in Dienst gestellt sind (wie das Überseezentrum), schon ihr eigenes Ende vor sich haben, selbst wenn sie noch ein Vierteljahrhundert ihre Aufgabe ganz oder teilweise erfüllen. Doch zweifellos hätte man das Überseezen-

Flaggen deutscher Reedereien nach den Kriegen

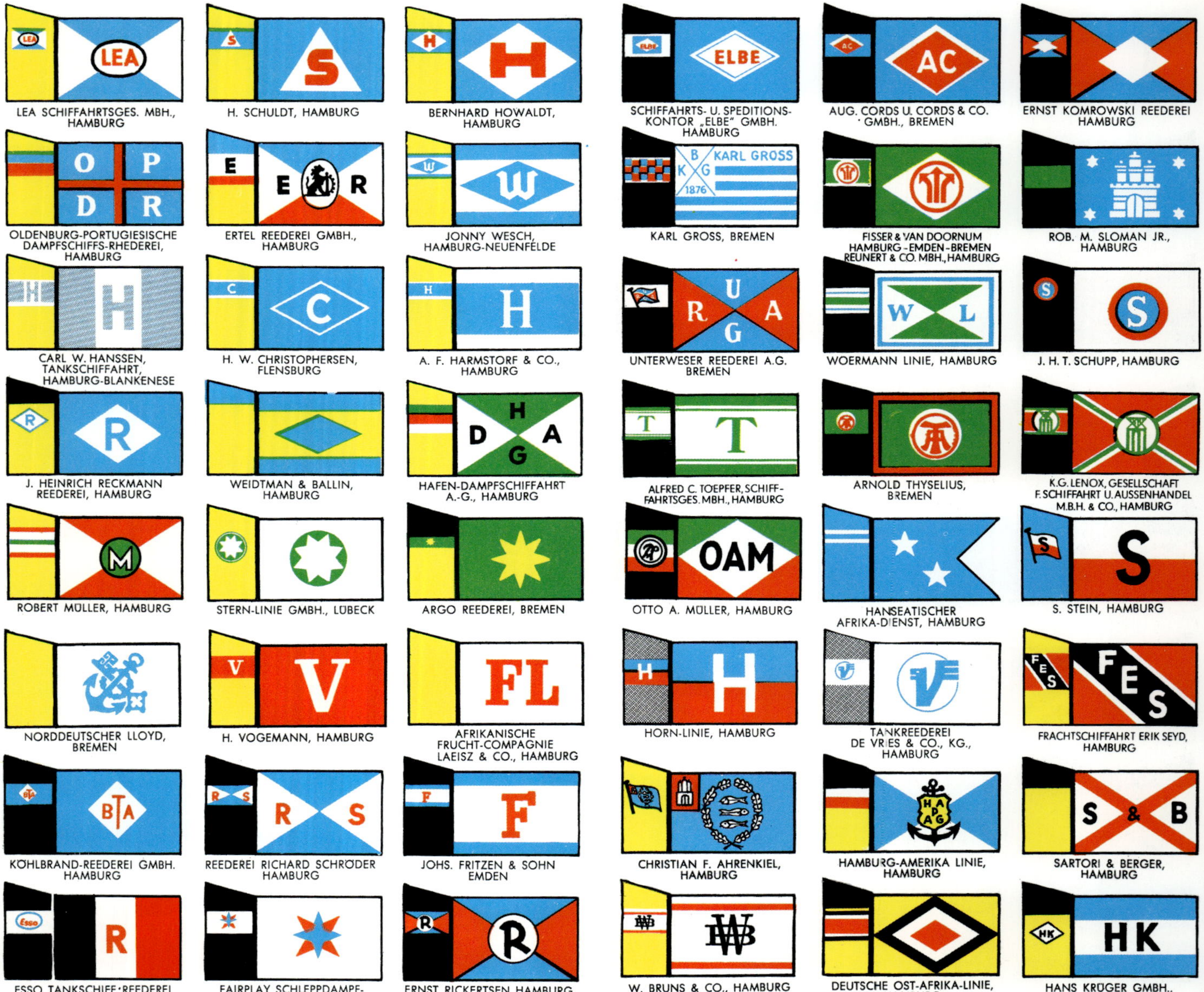

LEA SCHIFFAHRTSGES. MBH., HAMBURG

H. SCHULDT, HAMBURG

BERNHARD HOWALDT, HAMBURG

SCHIFFAHRTS- U. SPEDITIONS-KONTOR „ELBE" GMBH. HAMBURG

AUG. CORDS U. CORDS & CO. GMBH., BREMEN

ERNST KOMROWSKI REEDEREI HAMBURG

OLDENBURG-PORTUGIESISCHE DAMPFSCHIFFS-RHEDEREI, HAMBURG

ERTEL REEDEREI GMBH., HAMBURG

JONNY WESCH, HAMBURG-NEUENFELDE

KARL GROSS, BREMEN

FISSER & VAN DOORNUM HAMBURG - EMDEN - BREMEN REUNERT & CO. MBH., HAMBURG

ROB. M. SLOMAN JR., HAMBURG

CARL W. HANSSEN, TANKSCHIFFAHRT, HAMBURG-BLANKENESE

H. W. CHRISTOPHERSEN, FLENSBURG

A. F. HARMSTORF & CO., HAMBURG

UNTERWESER REEDEREI A.G. BREMEN

WOERMANN LINIE, HAMBURG

J. H. T. SCHUPP, HAMBURG

J. HEINRICH RECKMANN REEDEREI, HAMBURG

WEIDTMAN & BALLIN, HAMBURG

HAFEN-DAMPFSCHIFFAHRT A.-G., HAMBURG

ALFRED C. TOEPFER, SCHIFF-FAHRTSGES. MBH., HAMBURG

ARNOLD THYSELIUS, BREMEN

K.G. LENOX, GESELLSCHAFT F. SCHIFFAHRT U. AUSSENHANDEL M.B.H. & CO., HAMBURG

ROBERT MÜLLER, HAMBURG

STERN-LINIE GMBH., LÜBECK

ARGO REEDEREI, BREMEN

OTTO A. MÜLLER, HAMBURG

HANSEATISCHER AFRIKA-DIENST, HAMBURG

S. STEIN, HAMBURG

NORDDEUTSCHER LLOYD, BREMEN

H. VOGEMANN, HAMBURG

AFRIKANISCHE FRUCHT-COMPAGNIE LAEISZ & CO., HAMBURG

HORN-LINIE, HAMBURG

TANKREEDEREI DE VRIES & CO., KG., HAMBURG

FRACHTSCHIFFAHRT ERIK SEYD, HAMBURG

KÖHLBRAND-REEDEREI GMBH. HAMBURG

REEDEREI RICHARD SCHRÖDER HAMBURG

JOHS. FRITZEN & SOHN EMDEN

CHRISTIAN F. AHRENKIEL, HAMBURG

HAMBURG-AMERIKA LINIE, HAMBURG

SARTORI & BERGER, HAMBURG

ESSO TANKSCHIFF-REEDEREI GMBH. HAMBURG

FAIRPLAY SCHLEPPDAMPF-SCHIFFS-REEDEREI R. BORCHARD GMBH., HBG.

ERNST RICKERTSEN, HAMBURG

W. BRUNS & CO., HAMBURG

DEUTSCHE OST-AFRIKA-LINIE, HAMBURG

HANS KRÜGER GMBH., HAMBURG

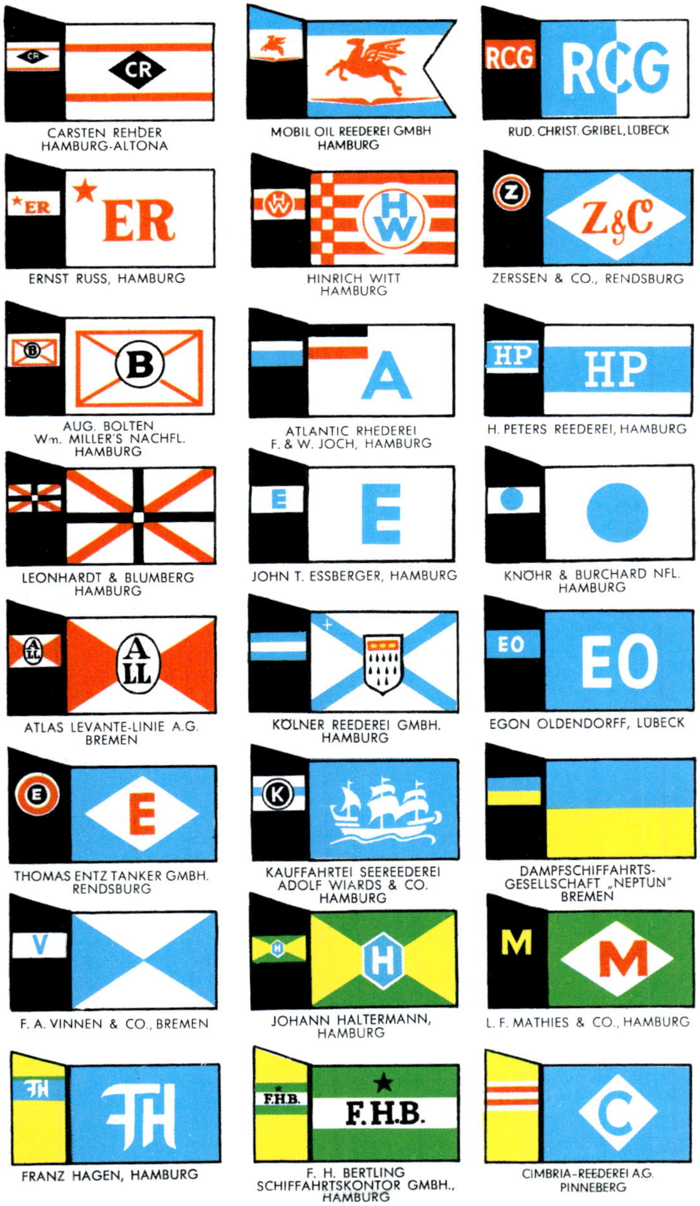

trum auch gebaut, wenn man einen Blick in die Zukunft hätte tun können, doch würde das »Konzept« in einem solchen Falle sicher anders ausgesehen haben.
1962 ist es die Natur, die der Stadt und dem Hafen ihre Gewalt zeigt und deutlich macht, daß der Mensch sich nie sicher fühlen darf, wenn es um die Naturgewalten geht. In dieser Situation zeichnet sich ein Hamburger besonders aus. Es ist der Innensenator Helmut Schmidt, der in Abwesenheit des Ersten Bürgermeisters, Dr. Paul Nevermann, das Kommando über den Katastrophenstab übernimmt und durch schnelles Handeln und optimale Koordination wesentlich dazu beiträgt, daß das Hochwasser nicht noch mehr Opfer fordert. Die Zahl der Helfer ist Legion. Neben der Bundeswehr, der Polizei und der Feuerwehr, schuften die Mitarbeiter des Roten Kreuzes, des Technischen Hilfswerk und viele freiweillige Helfer bis zur Erschöpfung. Unterstützt werden sie von einer großen Zahl Soldaten der alliierten Streitkräfte. Dennoch werden 315 Bürger Opfer dieser Hochwasserkatastrophe.
Im Hafen liegen die Anlagen zu einem großen Teil unter Wasser. Groß sind auch die Ladungsschäden, die den Unternehmen vor Augen führen, daß sie auch in Zukunft mit einem vergrößerten Risiko leben müssen, wenn sie gegen das offensichtlich bei Sturmfluten höher auflaufende Wasser nichts tun. Getan wird in der Tat viel: Innerhalb des folgenden Jahrzehnts wird die Hochwasserschutzlinie neu bestimmt. Sechs Sperrwerke, sechs Schiffahrtsschleusen, elf Schöpfwerke, 20 Deichsiele und ein Wehrbauwerk werden um- oder neu gebaut. Fast 650 Millionen DM werden ausgegeben. Doch damit sind längst noch nicht alle Probleme gelöst. Die Zukunft wird es zeigen!

In der Bildmitte, neben der Freihafen-Elbbrücke, zwischen Moldauhafen und Norderelbe, liegt das in den 50er Jahren geplante und bis 1967 errichtete Überseezentrum. Gedacht als die größte europäische Verteilanlage für Export-Sammelladungen, wurde die Existenz durch den Container bedroht. Heute, als großes Distributionslager, scheinen die Überlebenschancen gesichert.

Was am Abend des 16. Februar 1962 niemand ahnte, geschah dann in der kommenden Nacht. Die Deiche hielten der Jahrhundertsturmflut nicht stand. 315 Menschen fanden den Tod.

Die Revolution des Verkehrswesens

Wenn heute wie selbstverständlich vom Containerverkehr als der dominanten Verkehrsart im Überseeverkehr gesprochen wird, dann muß man sich vor Augen führen, daß wir mit dem wohl wichtigsten Abschnitt der Entwicklung nach dem letzten Kriege konfrontiert sind, einer Entwicklung, die den Überseeverkehr revolutioniert und das Bild von Schifffahrt und Hafen total gewandelt hat. Dabei ist der Gedanke, genormte »Behälter« im Verkehr einzusetzen, durchaus nicht ganz neu. Schon nach dem Ersten Weltkrieg gab es Überlegungen, große Behälter im Haus-zu-Haus-Verkehr zu verwenden, und Anfang der dreißiger Jahre wurde in Paris das Bureau International des Containeur, das BIC, gegründet, das sich mit dem Einsatz genormter Container befaßte, um den Umschlag und Transport von Gütern mit Hilfe dieser Behältnisse leistungsfähiger zu gestalten, und das auch im Überseeverkehr. Trotzdem (oder vielleicht gerade deshalb) beschränkte sich der Einsatz, der noch relativ kleinen Behälter weitgehend auf den Landverkehr, und zwar besonders im Eisenbahntransport.

Auf die Entwicklung im pazifischen Raum während des Zweiten Weltkrieges wurde bereits hingewiesen. Nach Beendigung des Krieges beginnen die Amerikaner, große Mengen ihrer Army-Container zu verkaufen, sie privaten Unternehmen zu überlassen. Es werden eine Reihe von Containergesellschaften gegründet, u.a. die North American Van Lines (NAVL), die United Cargo Corporation (UCC) und die Container Transportation International (CTI). Besonders die CTI und die NAVL nehmen sich des kommerziellen Behältergeschäftes zwischen den USA und dem europäischen Kontinent an, können aber keinen wirklichen Durchbruch erreichen, denn es fehlen nach wie vor alle Voraussetzungen technischer wie organisatorischer Art, um diesen Verkehr als Alternative zum »gebrochenen« Verkehr durchzusetzen und zur »Transportkette« zu gelangen, also jenem Verkehr, der nicht den Umschlag von einem Verkehrsträger auf den anderen bei jedem einzelnen Kollo verlangt.

1952 wird in Hamburg eine Großbehälter-Gesellschaft gegründet, die CONTRANS Gesellschaft für Überseebehälterverkehr mbH. An der Gründung dieser Studiengesellschaft ist der Hamburger Hafen durch die HHLA maßgeblich beteiligt und das, obgleich wohl nur wenige Hafen- und Verkehrsexperten an die Realisierung des neuen Konzeptes glauben. Das gilt weitgehend auch für die anderen Gründer wie die Bremer Lagerhaus Gesellschaft, die Deutsche Bundesbahn, die Spedition, vertreten durch die Deutsche Speditions- und Behälter-Gesellschaft, Hamburg, die Hamburg-Amerika-Linie und den Norddeutschen Lloyd. Wenn man vom Containerverkehr auch nicht überzeugt ist, so will man doch schon genauer wissen, was zu erwarten ist. Lediglich die Eisenbahner stellen eine Ausnahme dar, praktizieren sie doch bereits mit wachsendem Erfolg den Behälterverkehr auf der Schiene, wenn auch die Anteile dieses Verfahrens am Gesamtverkehr noch kaum nennenswert sind und die eingesetzte Technologie keinen Einsatz der mit Rollen ausgestattenen Behälter im Überseeverkehr zuläßt. Und so ist denn die CONTRANS gezwungen, die eigenen Behälter (in bescheidenen Stückzahlen von 5, 8 und 10 cbm Volumen) den Erfordernissen des Überseeverkehrs anzu-

Behälter auf Behältertragwagen.

passen. Die Rollen verschwinden, dafür erhalten die Behälter für den Schienenverkehr einen »Rollbock (rollenden Untersatz)«, der sie schienenverkehrsfähig macht.
Im Hafen selbst sind sie nicht unbedingt geschätzte Verpackungs- oder Ladeeinheiten, weil sie in beladenem Zustand nicht selten »Schwergut« darstellen, oft Probleme bei der Stauung verursachen und beim Anschlußtransport sehr oft Ärger bereiten, weil auf den meisten Be- und Entladestellen die Einrichtungen für eine rationelle Handhabung fehlen. Und dort, wo ein Gleisanschluß fehlt, müssen teure Spezialstraßenfahrzeuge eingesetzt werden, um überhaupt den Ablader oder Empfänger zu erreichen. Auch sind die Gründer der Gesellschaft selbst nicht bereit, dem Behälter den Weg in die Zukunft durch technische, organisatorische und tarifarische »Anpassung« das Leben zu erleichtern. Wer glaubt da noch an eine Revolution des Verkehrswesens?

In den USA hat sich, wiederum weitgehend unbemerkt von den Europäern, eine neue Transportart entwickelt, die die Häfen zunächst kaum vor besondere Aufgaben stellt. Man spricht in diesem Zusammenhang vom »Roll-on-Roll-off«-Van, der in Wirklichkeit nichts mit den bislang eingesetzen Behältern zu tun hat. Es ist ein amerikanischer Trucker, der auf die Idee kommt, im amerikanischen »Short-Sea-Trade« die Sattelauflieger seiner Züge nicht mehr zu entladen, sondern sie komplett auf die Decks jener Schiffe zu fahren, die den Haupthafen von Puerto Rico (und später durch einen anderen Unternehmer auch die hawaianischen Häfen) bedienen. Einmal auf den Geschmack gekommen, entwikkelt man bald abnehmbare Radsätze für diese »Vans« und stellt diese zu Containern modifizierten Auflieger jetzt im »Lift-on-Lift-off«-Verfahren in und auf die Schiffe. Für diesen Zweck werden alte Tanker umgebaut und als Containerschiffe eingesetzt. »A star was born« könnte man sagen.

Typischer Trailer mit geschlossenem Kastenaufbau.

Im Mai 1966 machte MS *Fairland* der Sea-Land Inc. im Bremer Überseehafen fest und löschte die erste Containerladung in einem deutschen Seehafen.

Und genau wie vor rund 1950 Jahren sind es – wenigstens in Europa – nur wenige, die darin den Beginn des kompletten Wandels erkennen.
Eines allerdings wissen die wenigen Fachleute auch: Es genügt nicht nur, Containerschiffe zu bauen, Container und entsprechende Transportmittel für den Zu- und Nachlauf vom Seehafen bereitzustellen, sondern auch die Häfen müssen sich anpassen, müssen ihre Umschlagsfazilitäten völlig neu gestalten und vor allen Dingen »besondere« Umschlagsgeräte bereitstellen. Und schließlich geht es um viel, viel Organisation und – wovor so mancher Angst hat – eine funktionierende Datenverarbeitung.
So ganz wohl ist weder den Häfen, noch den Reedern und Spediteuren, weiß man doch nicht so genau, was alles auf die »alte Welt« zukommt. Und so entschließen sich 1962 die Gesellschafter der CONTRANS: die Deutsche Bundesbahn, Frankfurt, der Norddeutsche Lloyd, Bremen, die Hamburg-Amerika-Linie, Hamburg und die Deutsche

Speditions- und Behälter-Gesellschaft, Hamburg (Tochter des Bundesverbandes der Spedition), aus der Studiengesellschaft eine professionelle und kommerzielle Einrichtung zu machen, mit dem Ziel, der Sache »auf den Grund« zu gehen und gleichzeitig zu versuchen, mit den 5- bis 10-cbm-Behältern den Haus-zu-Haus-Verkehr aufzubauen. Für die Häfen eine mehr als wichtige Frage, denn würde der Containerverkehr die traditionellen Formen der Verpackung, des Transportes und Umschlags ablösen, dann bedeutet das Investitionen in Milliardenhöhe und Risiken die damals sicher kaum einer überschaut. Das Kapital der Gesellschaft wird von bescheidenen DM 40.000 auf eine Million DM erhöht. Weitere Kapitalerhöhungen folgen bald. Den mittelgroßen Behältern wird jedoch gar nicht erst eine Chance eingeräumt, auch wenn inzwischen viele Tausend Einheiten im Einsatz sind und noch lange Jahre Teilaufgaben des Verkehrs erfüllen. Diese Chance hätten sie nur gehabt, wenn sich alle Beteiligten – einschließlich der Häfen – technisch und organisatorisch auf diese Verkehrsart eingestellt hätten, was aber nicht der Fall ist. Im nachhinein sei dazu nur festgestellt, daß (sicher absichtslos) mit dem »Nichtstun« die richtige Entscheidung getroffen wird, besteht doch zu keiner Zeit wirklich eine Chance, diese mittelgroßen Behälter international zu normen und weltweit erfolgreich einzusetzen.

Weniger richtig ist hingegen wohl die Entscheidung der Spedition, die sich nach vielen Jahren wichtiger Mitarbeit aus der CONTRANS zurückzieht und das Feld den Reedereien, der Bundesbahn und der Industrie überläßt, denn 1970 wird mit der IWT Industriewerke Transportsysteme AG, Hamburg, ein Containerhersteller weiterer Gesellschafter. Die Häfen steigen bereits 1962 aus. Der Schritt scheint verständlich, doch ist er, rückblickend betrachtet, wahrscheinlich nicht richtig gewesen. Und so wird die denkbare Mitwirkung der Häfen an der Gestaltung des modernen Verkehrs den Hafengewaltigen dann später auch aus der Hand genommen. Reedereien werden das Bild des modernen Hafens diktieren, und dabei ist es bislang geblieben.

Der Grund dafür, daß die Schiffahrt schließlich zum Motor der weiteren Entwicklung wird (allerdings zunächst beschränkt auf die US-amerikanischen Reedereien), hat handfeste ökonomische Gründe. Die Aufenthaltsdauer der Schiffe wird nicht zuletzt deshalb zum Ärgernis, weil die Schiffe immer größer, schneller und teurer werden, während die Umschlagsleistungen in den Häfen kaum noch zu steigern sind, hat man doch die Rationalisierungsmöglichkeiten weitgehend ausgeschöpft. Viele Köpfe martern ihre Gehirne, um eine Umschlagstechnik zu entwickeln, die die Hafenliegezeiten drastisch verringern kann. Erstaunlich und eigentlich nicht zu verstehen, daß dabei der Container zunächst nur am Rande diskutiert wird (weil angeblich in Europa nicht einsetzbar), obgleich es in den USA bereits verschiedene hervorragend funktionierende Containerverkehre gibt, und deren logistische Konzepte sich der Autor schon 1961 mit Erstaunen und Begeisterung anschauen kann.

Doch im Europa der frühen sechziger Jahre dominieren die meinungsmachenden Skandinavier. Sie tragen die ihnen als einzige Alternative in Frage kommende Palettenidee in die Welt der Schiffahrt, und zu viele »Experten« glauben diesen Ideen, die nichts weiter sind als ein halber Schritt in Richtung auf das Ziel der kürzeren Hafenliegezeiten. Doch sind sie ohne Chance, es je zu erreichen, weil dem System alle Voraussetzungen fehlen, es weltweit durchzusetzen, und dieses vor allen Dingen deshalb, weil es sich nicht im Haus-zu-Haus-Verkehr realisieren läßt – von vielen anderen Problemen abgesehen. Die norwegische Meyer Line, noch hoch geschätzter Outsider im Nordatlantik-Verkehr, baut dennoch 1964 einen ihrer Frachter um, um das Zeitalter der »palettisierten Einheitsladung« einzuläuten. Geläutet wird schon, doch es ist das Einläuten des Anfang vom Ende der Meyer Line als Linienreederei in der Nordatlantikfahrt. Daran ändert auch die Tatsache nicht, daß manche Leute damals meinen, daß das Experiment überzeugend positiv verlaufen sei. Dieser Reeder hatte geglaubt, das »Grundgesetz« des Schiffes unterlaufen zu können, das da lautet: »Ein Schiff ist so schnell wie seine langsamste Luke.« Für eine »Einheitsladung« kann es deshalb nur ein »Einheitsschiff« geben, und darum verschwinden später jene Reeder vom Markt, die glauben, daß man ein oder zwei Luken auf Container umstellen, ansonsten aber im gewohnten Stil weitermachen könne.

Zunehmend erkennt man in den Reedereikontoren, daß der Einsatz einer reduzierten Zahl von Schiffen (bei unverändertem Angebot an Transportleistung), die Bedienung nur

weniger Häfen, besonders aber die so wichtige Verkürzung der Hafenaufenthalte nur mit einem Einheitsladungs-System zu erreichen ist, daß international genormt und weltweit einsetzbar, in den Häfen zu einer Vervielfachung der Umschlagsleistung führt und damit die Verweildauer im Hafen drastisch reduziert. Die verladende Wirtschaft, kaum daß einige größere Unternehmen die 5- bis 10-cbm-Behälter einsetzen, hält weitgehend von den ersten aus Amerika kommenden Groß-Containern wenig, scheinen sie doch keinen Platz in Rahmen der praktizierten Distribution und der Logistik-Konzepte zu haben. Nur ganz wenige Verkehrsfachleute der verladenden Wirtschaft (wie die Verkehrsleiter des Volkswagenwerkes, Daimler-Benz, Siemens sowie der chemischen Großindustrie) und der Spedition sehen, daß es nicht darum gehen kann, dem Container den Zugang zum Markt zu versperren, sondern sich in der Distribution und bei den Logistik-Konzepten an einem System zu orientieren, das allein die so dringend erforderlichen Rationalisierungseffekte bringen kann. Doch noch unmittelbar vor dem großen Umschwung ist der Widerstand groß.
So fragt noch in der Ausgabe 25 des »Hamburg Kurier«, Januar/Februar 1967, der Herausgeber Dr. Werner Klugmann: »Wie bekommen wir den Container-Verkehr in den Griff?« und stellt gleich anschließend fest: »Es soll Leute geben, die kriegen schon Zustände, wenn sie nur das Wort »Container« hören.« Dann fährt er fort: »Die ganze Situation ist verworren, belastet mit einer Fülle verschwommener Vorstellungen und dazu noch von einer nervenstrapazierenden Hektik.« Und klagend folgt die Frage: »Wer kann es sich schon leisten, von einer solchen unzulänglichen Basis aus weitreichende Investitionsentscheidungen zu treffen? Wer kann es seinem Unternehmen zumuten, in einer Zeit der knappen Kassen Millionenbeträge lockerzumachen, obwohl niemand exakt vorauszusagen vermag, ob – und gegebenenfalls unter welchen Voraussetzungen – das Pferd, auf das er setzt, gut im Rennen liegen wird.« Dabei war die Entscheidung längst gefallen, nur wollte man das immer noch nicht zur Kenntnis nehmen. Und wann hat schon ein Unternehmen je die handfeste Garantie dafür gehabt, daß sich seine Zukunftsinvestitionen wirklich auszahlen? Bei manchem Reeder sieht es nicht anders aus. Meint doch kurze Zeit vorher ein Vorstandsmitglied einer deutschen Reederei in der »Bild-Zeitung« auf die Frage, wann man denn im eigenen Hause den Bau von Containerschiffen beschließen werde: »Das weiß der liebe Gott!«
Damals liegt der größte Fehler sicher in der Tatsache begründet, daß nur ein paar Reedereien sich fachqualifiziert mit dem Problem auseinandersetzen, während die Häfen sich im allgemeinen nur von Gerüchten und Pessimisten beraten lassen. Welch ein Glück für den Hafen Hamburg, daß der historisch gewachsene Freihafen schon erheblich früher zu eng geworden war und daß man sich schon vorsorglich Gedanken über weitere Raumplanung gemacht hatte. Alle Flächen waren verplant. Man mußte an Reserven denken. Die Stadtregierung entspricht der Notwendigkeit, und das Landesparlament verabschiedet unter Bürgermeister Dr. Paul Nevermann im Oktober 1961 das »Hafenerweiterungsgesetz«. Rund 2500 Hektar werden als Reserve einbezogen. Dabei geht es um das gesamte Gebiet beiderseits der alten Süderelbe. Was wäre wohl geworden, hätte es dieses Gesetz nicht gegeben? Daß die betroffenen Landwirte und Einwohner über dieses Gesetz ihre eigene Meinung haben, versteht sich von selbst. Auch daran hat sich seither nichts geändert. Doch anders als beim Bau der Speicherstadt wehrten sich viele Anwohner gegen die Einbeziehung ihrer Wohnsitze in das Hafenerweiterungsgebiet. Rückblikkend meinten dazu im Jahre 1983 die ehemaligen Hafenbaudirektoren K.E. Naumann und H. Laucht: »Mit diesem Gesetz waren zwar die Voraussetzungen für Planungen zur Hafenerweiterung und deren Durchführung gegeben, doch muß einschränkend vermerkt werden, daß es in seinen Grundlagen, Definitionen und Bestimmungen – vor allem gegenüber dem Bürger – nicht klar genug war, um den späteren Anforderungen und Belastungen zu genügen. Daher traten mit fortschreitender Zeit immer stärkere Hindernisse und Verzögerungen auf, weil einerseits einige Grundeigentümer alle denkbaren Rechtsmittel ausschöpften und andererseits das politische Durchsetzungsvermögen des Senats schwächer wurde.«
Spätestens 1964 – im Jahr des 775. Hafengeburtstages – mußte allen Beteiligten klar werden, was die Zukunft bringen würde. Schließlich war die wichtigste Entscheidung gefallen. Die »International Organization for Standardization« (ISO) hatte nach jahrelanger Vorarbeit die weltweite

Ende der siebziger Jahre ist der Erfolg der »Blechkiste« nicht mehr zu übersehen. Die *Cordillera Express* hat am Unikai-Container-Terminal festgemacht.

Normung der Behälter in grundsätzlicher Hinsicht abgeschlossen. 1965 gelang es der ISO, die Eckbeschläge zu vereinheitlichen und zu standardisieren. Ein entscheidender Fortschritt, denn erst jetzt können alle Befestigungseinrichtungen an Bord der Schiffe, den Waggons und Chassis wie an den Umschlagsgeräten (Traversen) festgelegt werden. Damit ist in den wichtigsten Bereichen der Abmessungen und Anforderungen die Gefahr der Typenvielfalt gebannt. Besonders bedeutend aber ist der Tatbestand, daß jetzt die Europäer und Asiaten die gleiche Startchance bekommen wie die US-Amerikaner, die prinzipiell ihr System durchsetzen, nicht aber ihre Abmessungsvorstellungen den Partnern aufzwingen können. Zwar werden auch noch die europäischen Mittelbehälter und die sowjetrussischen Containerabmessungen genormt, doch wissen die Fachleute, daß diese Serien nicht über eine lokale Bedeutung hinauskommen werden. Der vorläufig letzte Akt der Normung des ISO-Containers geht im Sommer 1967 über die Bühne, nachdem es zwischenzeitlich einige Schwierigkeiten wegen einzelner Normen gegegeben hatte.

Interessant ist in diesem Zusammenhang das Ergebnis einer Studienreise die eine Gruppe von Fachleuten 1968 in die USA führt. Die Delegationsteilnehmer dieser Reise, die dem Kombinierten Verkehr gewidmet ist, warnen schon im Frühjahr 1968 in ihrem Bericht: »... daß es nicht richtig wäre, die in den USA gesammelten Erfahrungen für nicht übertragbar auf deutsche oder europäische Verhältnisse zu erklären, weil rechtliche oder faktische Widerstände vorhanden oder zu erwarten sind, und schließlich, daß einerseits der für Deutschland lebenswichtige internationale Handelsverkehr uns in nächster Zukunft zwingen wird, dem weltweiten kombinierten Verkehr erhöhte Aufmerksamkeit zu widmen und in unserem Lande alle Voraussetzungen zu schaffen, damit die durchgehenden Transportketten vom Versender zum Empfänger nicht unterbrochen werden.«

Während in weiten Teilen der Welt Zufriedenheit über die erreichte internationale Standardisierung festzustellen ist, beginnt hierzulande ein Zwergenaufstand, der manchen Investor wieder verunsichert. Es geht um die Frage, ob man hinnehmen könne, daß nicht das metrische System, sondern das anglo-amerikanische Maßsystem zur Grundlage der Containernorm gemacht werde. Und wie immer, wenn es um Prinzipien geht, bleibt die »ratio« meistens auf der Strecke, was wiederum die Prinzipienreiter nicht stört. Was wäre gewesen, wenn sich die »Metriker« durchgesetzt hätten? Die Frage war damals und ist heute einfach zu beantworten: Alle Welt hätte ihre 8 Fuß (2,434 m) breiten Container in unserem Lande einsetzen können, nur wir unsere 2,5 m breiten Container nicht in den vielen Ländern, die die Straßenzulassungsbreite auf maximal 8 Fuß begrenzt haben.

Nicht irritieren lassen sich die Bremer, die im Container-Poker zunächst das Glück des Tüchtigen auf ihrer Seite haben. Doch es ist nicht nur das Glück allein. In Hamburg, in dem noch immer der verdienstvolle Ernst Plate auf der Kommandobrücke der HHLA steht und sich für den Hafen verantwortlich fühlt, zweifelte man an der Durchsetzbarkeit des Container-Konzeptes, und gerade auch Ernst Plate gehört mit zu den erklärten Gegnern der großen Kiste, der – wie er sie nannte – »rostigen Blechkiste«, die den Hafen zu einer Industrielandschaft degradieren würde. Man hört deshalb auch gern die Negativmeldungen aus den Konkurrenzhäfen, die davon sprechen, daß man selbst Hand an sich legen würde, wenn man den Wünschen und Forderungen der amerikanischen Reedereien entspräche. Selbst die Handelskammer Hamburg läßt sich durch die von cleveren Werbemanagern einiger Westhäfen ausgestreuten »Prognosen« ins Bockshorn jagen und zeichnet eine düstere Zukunft: »Die Reeder«, so analysieren die Kammer-Experten, »erhofften sich vom Einsatz der Containerschiffe Rationalisierungsgewinne, indem sie größere Transportmengen in einem schnelleren Umlauf zu bewegen gedächten. Dieses Ziel zwinge sie aber, auf jeder Seite des Ozeans nur einen, höchstens zwei Häfen anzulaufen.« So nachzulesen in den Skizzenblättern der Nachkriegsgeschichte von Kurt Grobecker. Kein Zweifel, die hochwohllöbliche Kammer sah Hamburg als erstes Opfer der neuen Verkehrstechnologie.

Bremen, fest entschlossen, der führende Containerhafen in der Bundesrepublik Deutschland zu werden, holt – weil Hamburg kein Interesse zeigt – ohne große Anstrengungen die Sea-Land Inc. an die Weser und kann bereits im April 1966 das erste Containerschiff abfertigen. Schon 18 Monate später meldet die Bremer Lagerhaus-Gesellschaft (BLG) den Umschlag des 40.000sten Großcontainers. Und der

Erfolg hält an, laufen jetzt doch schon außer Sea-Land auch die amerikanischen Container Marine Lines und die Atlantic Container Line (ein Gemeinschaftsdienst europäischer Reedereien) die bremischen Häfen an.
Hamburg startet mit erheblicher Verspätung. Und das nicht nur wegen der immer noch bestehenden Skepsis, sondern auch, weil man in Hamburg über keine Flächen im Hafen verfügt, die für den Containerverkehr geeignet sind. Anders also als in Bremen, wo 1966 gerade die stadtbremischen Neustädter Häfen fertiggestellt werden und auf Auslastung warten. Die Initiative geht in Hamburg vom Präses der BWVL, Helmuth Kern, aus und zwar in Kooperation mit der HHLA. Man entscheidet sich für den Bau einer völlig neuen Anlage auf Waltershof. Das bedeutet zunächst neue Verzögerungen, denn dieses Gelände ist infrastrukturell nur mangelhaft an das Straßen- und Schienennetz angebunden und mit dem übrigen Hafen nur durch eine Fähre über den Köhlbrand verbunden. Erst mit der Verkehrsanbindung durch den neuen Elbtunnel, dem »Hafenteil« der Bundesautobahn und der Köhlbrandhochbrücke (es wird noch Jahre dauern, bis sie zur Verfügung stehen) bekommt dieses Gelände seine auch heute noch gegebene überragende Bedeutung für den Containerverkehr. Jedoch man wartet nicht weiter, sondern beginnt – Gott sei Dank – die entwikkelte Konzeption umzusetzen. Bereits Ende 1968 stehen 175.000 m^2 zur Verfügung, ein halbes Jahr später werden es bereits 210.000 m^2 befestigte Kaifläche sein. Vier Liegeplätze werden zu diesem Zeitpunkt angeboten. Erster und bedeutender Kunde sind die United States Lines, New York, die als erste Traditionsreederei auf dem Nordatlantik auf Container umstellt. Lange wird sie im Wettbewerb mithalten. Eines Tages aber wird ein Trucker kommen, sie zum »Ersten Carrier« der Welt machen wollen und ... das Unternehmen in die Pleite führen.
Übrigens die Bremer, aus der langen gemeinsamen Vergangenheit wissend, daß die Hamburger »Pfeffersäcke« kraft des großen Ladungspotentials und ob der Größe als Industriestadt immer wieder im Aufholen erfolgreich sind, versuchen noch einmal, eine endgültige Entscheidung zu ihren Gunsten herbeizuführen. Im Oktober 1967 präsentiert der Bremer Hafensenator Bortscheller seine Idee, die bremischen Häfen und Hamburg im Containerverkehr zu einer

Neben den Containerbrücken sind die Van-Carrier wichtiger Bestandteil des Umschlags. Sie benutzen zum Bewegen der Container keine Trossen, sondern Heberahmen (Spreader), die, exakt auf den Container gelegt, durch Drehzapfen eine feste Verbindung herstellen.

Einheit zusammenzufassen. Im Kampf gegen die Konkurrenzhäfen im Westen sollen nach seinem Wunsche die beiden großen deutschen Universalhäfen alle Containerverkehre nur noch über einen gemeinsam bewirtschafteten Containerterminal, den »Hansa-Hafen« abfertigen. Der Platz sei da – so Bortscheller –, nämlich an der Außenweser, wo man auch die größten Containerfrachter der Zukunft schnell abfertigen könne. Und natürlich versucht er der Hamburger Konkurrenz klarzumachen, daß sie ohnehin nicht die geringste Chance habe, im Container-Poker mitzuhalten. Doch die Hamburger haben, obgleich besonders in der Fachpresse die Idee des gemeinsamen Hafens als volkswirtschaftlich überaus vernünftig beschrieben und teilweise euphorisch gefeiert wird, nicht die Absicht, sich selbst auszutrocknen. Schließlich weiß man, daß, wer freiwillig auf einen wesentlichen Teil seines Geschäftes verzichtet, Gefahr läuft, schließlich alles zu verlieren. Und so machen die Hamburger sich auf den Weg, den Vorsprung der Weseraner irgendwann einmal aufzuholen. Wenn sie wüßten, wie lange diese Verfolgungsjagd dauern wird!

Erfolgreicher als bei den Häfen betätigt sich der Containerverkehr bei den Reedereien als »integrierender« Faktor. Die seit Jahren um einen Zusammenschluß – für manchen mit einem Beigeschmack auch Fusion genannt – ringenden beiden deutschen Großreedereien, Norddeutscher Lloyd, Bremen, und Hamburg-Amerika Linie, Hamburg, finden den Absprung in Richtung Gemeinsamkeit.

Zunächst beschränkt auf den Containerverkehr, folgt später die Fusion zum Supercarrier. Bis dahin aber vergehen noch ein paar Jahre, und auch die Manager vom Ballindamm und der Gustav-Detjen-Allee verpassen zunächst den Anschluß, können aber bald aufholen und sind zum richtigen Zeitpunkt »dabei«.

1968 veranstaltete Hamburg die erste Ausstellung Container- und Kombinierter Verkehr. Auf dem unteren Foto erkennt man den Ersten Bürgermeister Dr. Herbert Weichmann, der sich auf seinem Rundgang die neuen Technologien erläutern läßt.

Die Hamburger versuchen auf allen Ebenen, verlorenes Gelände »gutzumachen«. Und es gelingt ihnen zunehmend, wenn zunächst auch noch nicht da, wo es um die Zahl der umgeschlagenen Container geht. Am 3. Oktober 1968 öffnet die 1. Internationale Ausstellung Container- und Kombinierter Verkehr auf dem Messegelände in Hamburg ihre Pforten. Es wird eine überzeugende Demonstration des neuen Verkehrssystems, das seine revolutionierenden Inhalte einem erstaunten Publikum vorführt. Schon ein Jahr später folgt die »Container Expo«, die 2. Internationale Ausstellung Container- und Kombinierter Verkehr. Hamburg, ohnehin Medienzentrum der Bundesrepublik Deutschland, wird zum Verlagsort des »Container Handbuch«, einer Publikation, die sich erstmals in Europa mit allen Aspekten des Containerverkehrs befaßt und in den ersten Jahren eine wichtige »educational« Aufgabe erfüllt. Aber letztlich entscheiden die real umgeschlagenen Container, welcher Hafen die Führungsrolle erringen kann.

Es dauert noch rund ein Jahrzehnt, bis im Hamburger Hafen mehr Container umgeschlagen werden als bei der Konkurrenz an der Weser. 1969 werden in der Zeitschrift »HANSA« folgende Zahlen veröffentlicht: Rotterdam 196.000 mit 2 Mio. tons, was einem Gesamtanteil am Stückgut von 7,2% entspricht. Antwerpen folgt mit 103.000 Stück, 1,2 Mio. tons und 5,3%. Die bremischen Häfen erreichen in diesem Jahr einen noch höheren Containerisierungsgrad als Rotterdam, nämlich 7,4%. Absolut sind es 73.400 Einheiten mit 0,81 Mio. tons, die in Bremen umgeschlagen werden. In Hamburg sind es magere 3,4% des gesamten Stückgutes und »nur« 43.500 Stück mit 0,45 Mio. tons. Vorläufig bleibt es bei dieser Rangfolge. Manche Hafen-Hamburger begrüßen die Entwicklung in Hamburg, sind sie doch immer noch mißtrauisch, wenn es um den Container geht. 1970 erhöht sich der Bremer Vorsprung sogar, was allerdings primär an der Erfassungsmethodik liegt. Gerechnet wird jetzt in 20-Fuß-Einheiten. Hamburg kommt auf rund 84.000, Bremen hingegen 180.000 TEU, wie die 20-Fuß-Einheiten abgekürzt heißen.

Aber in Hamburg ist die Gesamtentwicklung interessanter als in Bremen. Dort ist es vor allen Dingen der USA-Verkehr, der die Bremer Spitzenstellung sichert. Die Hamburger machen sich hingegen auf den Weg, jene Relationen zu erobern, die die größten Wachstumschancen haben, was, wie sich im Laufe der Jahre bestätigt, der richtige Weg ist. Wer allerdings glaubt, daß der Containerverkehr nun problemlos ablaufen wird, der irrt. Immer noch gibt es besonders beim Vor- und Nachlauf viele Probleme, und es wird manches Jahr dauern, bis jene Perfektion erreicht ist, die heute fast jedermann für selbstverständlich hält.

In Hamburg gibt es jetzt einen zweiten Container-Terminal-Unternehmer. Es ist die »Eurokai-Gruppe«, die den Europakai ausbaut. Weiter ausgebaut wird auch der Burchardkai der HHLA auf Waltershof. In Bremerhaven wird wiederum mit Hochdruck am ersten Liegeplatz des »Terminals am Meer« gearbeitet, der zweite Liegeplatz wird Ende 1971 fertig. Schließlich ist in Bremen inzwischen jedermann klar geworden, daß die stadtbremischen Häfen ungeeignet sind, die Containerschiffe der zweiten und – der irgendwann einmal kommenden – dritten Generation abzufertigen. »Man konkurriert sich hart«, kommentiert eine Hamburger Verkehrszeitschrift den Wettbewerb zwischen Elbe und Weser und weist gleichzeitig darauf hin, daß die Nordamerikaner dem Hafen Hamburg die größeren Chancen in diesem Konkurrenzkampf einräumen. Und sie haben Recht, die Amis, nur wird das nicht für den Verkehr mit Nordamerika gelten. Wenigstens noch nicht! Der Containerverkehr verlangt nach immer höheren Investitionen, denn die Zuwachsraten der großen Kiste sind beachtlich.

Der Stadtstaat Hamburg, überwiegend Träger der Investitionen im Hafen, muß sich nach Partnern bei der weiteren Entwicklung der Hafenausbaues umsehen. Einzig erfolgversprechender Weg: die Hafenwirtschaft selbst muß für die von ihr benötigte Suprastruktur und für die Ausrüstung aufkommen, während der Stadtstaat sich auf die Verpflichtung zur Entwicklung der Infrastruktur zurückzieht. Im Januar 1970 beschließt der Senat die vom Präses der Behörde für Wirtschaft, Verkehr und Landwirtschaft, Senator Helmuth Kern, vorgelegte neue Hafenordnung, die das Verhältnis zwischen dem Staat (mit seiner HHLA) und der privaten Hafenwirtschaft auf eine neue Basis stellt. Der HHLA wird, bei Verlust ihrer hoheitlichen und behördlichen Funktionen, mehr Freizügigkeit, also mehr Wettbe-

1970 zeichnete sich bereits der Erfolg des Containers ab. Zwei 20 Fuß Open Top Container auf 40 Fuß Chassis.

20 Fuß, 5000 Liter Liquitainer.

werb zugeschrieben. Helmuth Kern meint zur neuen Hafenordnung in einem Aufsatz in dem Hafen Hamburg-Buch »Skizzenblätter der Nachkriegsgeschichte: »Der Hafen mußte praktisch nach dem Kriege ein zweites Mal aufgebaut werden. Große Landflächen, neues Equipment, größere Wassertiefen, rampenlose Schuppen kosteten Milliarden. Gleichzeitig stand die Stadt wegen der notwendigen Verlagerung ihres Ausgabenschwerpunktes in den Bildungsbereich vor der bitteren Erkenntnis, die Hafenquote nicht mehr nennenswert vergrößern zu können.« Und an anderer Stelle: »Was lag näher, als für die Suprastrukturinvestionen im Hafen die Wirtschaft selbst sich engagieren zu lassen? Aber diese Entscheidung setzte auch die Befreiung der Unternehmen von jeder staatlichen Gängelei voraus.« Die neue Hafenordnung, verpackt in einer Senatsdrucksache, wird von allen Parteien im Parlament verabschiedet und bringt das erwartete Resultat: Sie löst einen enormen Investitionsboom aus und wird somit zur zukunftssichernden Maßnahme.

Selbstverständlich beginnt damit auch der interne Wettbewerb im Hamburger Hafen, der sich allerdings in den Folgejahren zunächst im wesentlichen als Leistungswettbewerb darstellt und viele innovative Kräfte freisetzt. Nach einer Interimszeit, in der der Unternehmensverband Hafen Hamburg e.V. die bislang von der HHLA geleistete Öffentlichkeitsarbeit und Werbung für den Gesamthafen übernimmt, wird eine neue Einrichtung geschaffen, die von nun an die unternehmensneutrale Werbung und Verkaufsförderung für den Gesamthafen übernimmt: Der Generalvertreter des Hafen Hamburg. Das ist die Organisation, die auch das Netz der Hamburger Hafenvertretungen übernimmt.

Zwischen Griesenwerder- und Waltershofer Hafen entstand der Eurokai-Container-Terminal. Die Constacker-Anlage ergänzt Container-Brücken, Van-Carrier und Chassis-Züge als multifunktionales Instrument zur vierlagigen Stapelung von Containern sowie Abfertigung von Bahn und Lkw.

Die Revolution gerät zur Normalität

Langsam beruhigen sich die aufgescheuchten Gemüter. »The point of no return« ist, wo es um den Containerverkehr geht, längst erreicht. Auch wenn der eine oder andere das trotzdem nicht einsehen will. Schließlich gibt es Zuwachsraten, die selbst Optimisten wie Fachleute mit Staunen registrieren. Und wie es weitergeht, kann man leicht feststellen. Da genügt ein Blick in die Auftragsbücher der Werften und Containerproduzenten. Werden in den beiden deutschen Universalhäfen 1968 erst rund 107.000 Container (TEU) umgeschlagen, sind es 1972 schon mehr als eine halbe Million. Und immer noch haben die Bremer die Nase weit vorn. Aber auch in Hamburg verändert der Containerverkehr das Gesicht des Hafens radikal.

Waltershof, wenige Jahre zuvor noch Eldorado der Kleingärtner und Spaziergänger, mausert sich innerhalb weniger Jahre zum Verkehrsindustrie-Komplex. Aber der Wandel fordert auch Opfer. Seit der Anfang der fünfziger Jahre einsetzenden Rationalisierung durch Mechanisierung läßt der Bedarf an manueller Arbeitskraft nach. Die schnell um sich greifende »Containeritis« (von manchen unverändert als Epidemie erlitten) läßt ahnen, daß dieser Prozeß lange nicht zu Ende ist. Erfreulich nur, daß man in diesen Jahren von »Vollbeschäftigung« reden kann, der Verlust von Arbeitsplätzen generell also keine großen Probleme aufwirft. Was nicht bedeutet, daß der Verlust des Arbeitsplatzes für den Einzelnen nicht hart und drückend sein kann.

Von den Ortsansässigen auf Waltershof – und nicht nur dort – fordert die Ausweitung des Hafens sehr persönliche Opfer. Doch die Bewohner sind nicht mehr ohne weiteres bereit, ihre Bleibe zu räumen und sich umsiedeln zu lassen. Oft sind die Verhandlungen zähflüssig und nicht selten steht am Ende der Auseinandersetzung ein Gerichtsurteil. Das gilt auch für die Bewohner Altenwärders, wo über 700 Familien wohnen, die jetzt bzw. in den nächsten Jahren ihre Heimat aufgeben müssen, weil dort ein Massengut-Umschlagsterminal, der »Hansaport«, entstehen soll. Hamburg muß, wenn es seine Bedeutung als wichtiger, viele andere Wirtschaftszweige stützender Verkehrsknotenpunkt erhalten will, seine Leistungspalette ausbauen und quantitativ wie qualitativ das Dienstleistungsangebot verbessern. – Überall wird fieberhaft gebaut. Steht der Bauboom im Hafen in den späten sechziger Jahren weitgehend im Dienste des Ausbaues der konventionellen Anlagen und der sie bedienenden Infrastruktur, steht jetzt – Anfang der siebziger Jahre – der »neue« Hafen im Vordergrund der meisten Aktivitäten.

Die Zeit der baulichen »Superlative« steht unmittelbar vor der Tür: Im Herbst 1974 ist sie fertig, die Hamburger »Golden Gate«, die in einem eleganten Bogen den Köhlbrand überspannt und den »alten« und »neuen« Hafen wieder zu einer »Einheit« macht. Sie wird von Bundespräsident Walter Scheel und Bürgermeister Peter Schulz dem Verkehr übergeben, was zunächst allerdings nur die Freigabe des Bauwerkes für rund 200.000 begeisterungsfähige Hanseaten bedeutet, die fußwandelnd jenes Pflaster treten, auf dem später nicht endenwollender Verkehr abrollt. Ein paar Jahre später kommt die Köhlbrandbrücke noch einmal in die Schlagzeilen der Presse. Angerostet sind die Stahlseile, heißt es. Auch diese »Nachwehen« werden – wenn auch mit viel Aufwand – aus der Welt geschafft, und danach läßt sich die Brücke nichts mehr zu schulden kommen .

Aufsehenerregend ein anderes Bauwerk, das vielleicht mehr als alle anderen dazu beitragen wird, die Wettbewerbsfähigkeit der Hafenwirtschaft zu stärken: der neue Elbtunnel, wichtigstes und teuerstes Unterwasser-Verbindungsstück der westlichen Umgehungsautobahn, der Europastraße Nr. 3, die – wie die Hafen-Hamburger gern vermerken – Portugal und Skandinavien verbindet. Auch hier wieder haben die Hamburger das Vorrecht, noch vor den Brummis und Privatfahrern das Drum und Dran dieser technischen Meisterleistung zu bewundern. Weit mehr als eine halbe Million Menschen unterqueren trockenen Fußes die Elbe. »Offiziell« wird das Bauwerk am 10. Januar 1975 dem Verkehr übergeben. Von einem Politiker (auf den die Hamburger stolz sind und das auch solche, die »tiefschwarz« denken), der diesem Lande viele Jahre seinen Stempel aufdrückte: Helmut Schmidt. Obgleich auf Verkehrszuwachs angelegt, beginnt schon weniger als eineinhalb Jahrzehnte später die Diskussion über eine vierte Tunnelröhre, schaffen

Der Waltershofer Hafen, seine Anfänge reichen bis in die Kaiserzeit, als man den Bedarf des schnell wachsenden Hafens überschätzte, bot viele Jahre eine beschauliche Kleingartenidylle, bis der expandierende Containerverkehr seinen Ausbau erforderlich machte. Heute werden am Burchardkai alljährlich über 500.000 Container umgeschlagen.

doch die drei Röhren mit je zwei Fahrbahnen es immer öfter nicht mehr, den anrollenden Verkehr reibungslos auf die jeweils andere Seite zu bringen. Schade nur, daß der Verkehr reichlicher fließt als das Geld, das sehr viel knapper geworden ist.

Viele andere Anlagen sind fertiggestellt oder stehen unmittelbar vor ihrer Fertigstellung (im Rahmen der geplanten Bauabschnitte) wie der »HHLA-Container-Terminal Burchardkai« und der »Eurokai-Terminal«. An anderer Stelle wird noch »gebuddelt« wie beim »Hansaport«, der nach

Da der Ausbau östlicher Hafenteile eine Verbindung notwendig machte, baute man von 1970 bis 1974 die architektonisch gelungene Köhlbrandbrücke.

Ende der dreißiger Jahre sollte sie entstehen: Eine gigantische Brücke über die Elbe. Der Krieg machte die Pläne zunichte. 1968 ging man einen anderen Weg. Statt drüberweg gings untendurch. In den folgenden sieben Jahren entstand die 2,65 km lange Elbunterquerung 28 Meter unter der Wasseroberfläche.

rund zweijähriger Planung 1974 baulich in Angriff genommen wird.
Auch im östlichen Hafenteil geht der Ausbau munter weiter. Die neue Hafenordnung, die das Denken in Wettbewerbskategorien immer mehr fördert, setzt Unternehmer-Initiativen in vielfältiger Form frei.
Die Investitionsbereitschaft zu stärken, war ein Ziel der neuen Hafenordnung gewesen. Und dieses Ziel wird erreicht, denn nun kommt im Hamburger Hafen auf eine DM öffentlicher Mittel für die Infrastruktur eine weitere DM an privaten Investitionen für Suprastruktur, Geräte und Einrichtungen etc. hinzu. In manchen Jahren ist es sogar mehr als eine Mark, die die Unternehmer auf die städtische Mark legen. Dabei geht es nicht nur um die klassischen Hafenbetriebe, sondern auch um neue Dienstleister, die sich des modernen Mediums des Verkehrs, des Containers, annehmen und u.a. Wartungs- und Reparatureinrichtungen schafen, die ebenso zu einem wichtigen Faktor des Gesamtleistungsangebotes werden wie die seemäßigen Verpacker.
Von der Umwelt weniger bewußt aufgenommen, entwickelt sich auch eine andere Umschlags- und Beförderungsart im Hamburger Hafen: der Ro-Ro-Verkehr. Und das wahrscheinlich deshalb, weil er in mancherlei Hinsicht der Technologie der bekannten Eisenbahn- und Autofährschiffen entspricht. Überall im Hafen entstehen Anlagen, die dem Rollverkehr dienen, der sich seinen festen Platz im Hafen erobert. Nicht so das »Barge Carrier«-System, das ein seltener Gast im Elbhafen bleibt. Im Massengutbereich wird Hamburg nicht erst mit Hansaport zum wichtigen Umschlagplatz. Tradition haben u.a. die Umschlagsunternehmen für Sauggüter, die nicht nur ihre Silo-Kapazitäten ständig ausbauen, sondern auch eine umweltfreundliche Umschlagstechnologie zum Einsatz bringen.

Das Jahr 1976 beginnt mit einem Paukenschlag. Der 3. Januar zeigt den Hamburgern, wie eine »Jahrhundertflut« aussieht. Zwar gibt es – Gott sei Dank – keine Toten, doch die Tatsache, daß die Flut an diesem 3. Januar rund ein dreiviertel Meter höher aufläuft als 1962, zwingt die Hafen-Hamburger zu Überlegungen, die ähnlich gravierend sind wie rund 100 Jahre zu vor, als es darum ging, ob Hamburg ein offener Tidehafen bleiben sollte.

Zwar hat man in den letzten Jahren vieles verbessert, und das neue Deichsystem schützt diesmal das Leben der

1977 wurde die Umschlaganlage Hansaport an Köhlbrand und Sandauhafen in Betrieb genommen. Am Kai wird das Schüttgut aus den mächtigen Bäuchen der Bulkcarrier gelöscht.

Menschen »achtern Dieck«, doch die Hafenanlagen sind dem Angriff der ständig steigenden Wassermassen schutzlos ausgeliefert. Aber es ist nicht nur diese Schäden von vielen hundert Millionen (zum Schluß kommt man auf rund eine Milliarde Mark) verursachende Sturmflut, die die Menschen ratlos macht. Es ist das Bewußtsein, daß es »Jahrhundertfluten« jedes Jahr geben kann. Was hilft da schon, wenn man mit Erklärungen schnell zur Hand ist? Machen die einen die Fahrrinnenvertiefung der Elbe, die anderen die Flußbegradigungen, das Eindeichen von »Überlaufgebieten« und den Bau von Sperrwerken, die die in die Elbe einmündenden Flüsse und Bäche vor Hochwasser schützen, verantwortlich, weisen andere auf die Tatsache hin, daß in der deutschen Bucht der Tidenhub höher geworden ist, ja daß das »Niveau« der Meere überhaupt steige. – Eines ist allen klar: Es muß etwas geschehen. Auch mancher »Irrweg« wird diskutiert. Am Ende ist sich eine sehr große Mehrheit der im Unternehmensverband Hafen Hamburg e.V. zusammengeschlossenen Unternehmerschaft in der Feststellung einig, daß die Elbe nicht mit einem riesigen Sperrwerk abgeschottet werden darf; Hamburg muß ein offener Tidehafen bleiben. Ein Standpunkt der auch von den Hafen- und Wasserbauern des Amtes Strom- und Hafenbau der Behörde für Wirtschaft, Verkehr und Landwirtschaft geteilt wird.

Was bleibt, ist der Schutz der Anlagen durch Flutmauern, die einerseits den Arbeitsablauf nicht stören dürfen, die andererseits aber schnell und zuverlässig zu schließen sein müssen, wenn Gefahr droht. Die technischen Lösungen sind vielfältiger Art: vom Objektschutz bis zur Poldersicherung gibt es viele Varianten. Der mit einem Milliardenaufwand (an dem Stadt und Hafenunternehmen gleichermaßen beteiligt sind) erreichte Schutz vor Sturmfluten besteht seine Bewährungsprobe schon sieben Jahre später, nämlich 1983. Obgleich es die zweithöchste Sturmflut in der Geschichte des Hafens sein wird, gibt es keine nennenswerten Schäden an Ladung und Einrichtungen.

Das Jahr 1976 bringt auch Erfreuliches. Der Elbe-Seitenkanal, den »Pfusch am Bau« wenige Wochen nach Inbetriebnahme auf einer Strecke von 40 Kilometern leerlaufen läßt, stellt nach Abschluß der rund neun Monate

Im Roll-on-/Roll-off-Verkehr (Ro/Ro) wird das Transportgut auf Rädern an Bord gefahren.

dauernden Reparaturarbeiten die direkte Anbindung zum Mittellandkanal her. Der »Heide-Suez«, wie ihn Spötter gern nennen, bleibt dennoch eine umstrittene Wasserstraße.

Nicht zuletzt, weil die Hoffnungen an das zu erwartende Verkehrsaufkommen ebenso wie seine Magnetwirkung in Sachen Industrieansiedlung weit über das hinausgehen, was tatsächlich folgt. Kein Wunder, hat sich die wirtschaftliche Situation doch geändert, läßt der Bedarf an Industrieflächen erheblich nach. Dennoch ist und bleibt der Elbe-Seitenkanal ein für den Hafen Hamburg wichtiges Bauwerk, denn seither können die Binnenschiffe Hamburg ansteuern, ohne durch die DDR fahren zu müssen.

Zeitgerecht wird im Hafen ein wichtiges Pendant zum ES-Kanal fertig, die Massenschüttgut-Umschlaganlage Hansaport. Eröffnet wird der neue Großterminal von Wirtschaftssenator Wilhelm Nölling, der Helmuth Kern (den neuen HHLA-Boß) abgelöst hat und der die auf Zuwachs angelegte Anlage in den Alltag entläßt.

Die Bahnverbindung gen Süden und Westen wird schneller, zuverlässiger und damit preisgünstiger. Nach vieljähriger Bauzeit wird der größte Rangierbahnhof Europas bei Maschen dem Verkehr übergeben. Damit kann die Deutsche Bundesbahn ihre Rangierarbeiten, die der Zugumbildung dienen, konzentrieren und auf die Leistung der fünf im Hamburger Hafen verfügbaren Rangierbahnhöfe, die nicht mehr dem neuesten Stand der Technik entsprechen, verzichten bzw. sie anderen Aufgaben zuführen. Eine für den Hamburger Hafen außerordentlich wichtige Entwicklung, denn der Hafen mit seiner Hafenbahn ist in sehr großen Umfange auf die Leistungen der Bundesbahn angewiesen, steht sie doch an der Spitze der Verkehrsträger, die den Hafen mit seiner Kundschaft im Binnenland verbinden. Die Tatsache, daß Hamburg über eine eigene Hafenbahn verfügt, ist einfach zu begründen: Der ständige Wandel im Hafen verlangt von der Infrastruktur die sofortige Anpassung. Investitionsentscheidungen müssen schnell, vor allen Dingen aber »unabhängig« getroffen werden können. Das ist naturgemäß nur sichergestellt, wenn die Entscheidungen über sol-

Der Elbe-Seitenkanal, hier mit der Kammerschleuse Uelzen, beginnt oberhalb Hamburgs bei Artlenburg und mündet nach 115 Kilometern westlich von Wolfsburg in den Mittellandkanal.

Ein Erzfrachter hat im Hansaport festgemacht. Die Greifer auf den Löschbrücken können mit jedem Hub bis zu zwanzig Tonnen fördern.

che Investitionen in Hamburg getroffen werden, nicht aber im Rahmen der umfassenden Gesamtplanung der Deutschen Bundesbahn in Frankfurt, für die die Hamburger Hafenbahn sicher keine »erste Priorität« hat. Die gefundene Arbeitsteilung funktioniert vorbildlich, die Hamburger entscheiden, wo investiert wird, und die Eisenbahn sorgt für eine erstklassige Verkehrsdienstleistung auch im Hafen.

Im Zeitalter des Containers gibt man sich nicht zufrieden mit der Vielfalt technischer Einrichtungen, die den Container physisch in den Griff bekommen. Neue Organisationsformen und Kommunikationstechnologien sind gleichermaßen gefragt, denn schnell ist erkennbar, daß der Containerverkehr ohne umfassende Steuerungs- und Laufkontrollen und ohne die Möglichkeit der »sofortigen« Disposition die in ihn gesetzten Erwartungen nur teilweise erfüllen kann. Das Zeitalter der elektronischen Datenverarbeitung zieht, von vielen abgelehnt oder gefürchtet, in die Büros der Reeder, Makler und Spediteure, sowie der Hafenwirtschaft ein. »Container Operating Control-System« ist eines der Programme, die auf den Container-Terminals u.a. für die reibungslose, vor allen Dingen aber schnelle Beladung der Containerriesen sorgen. Aber auch die unternehmensübergreifende administrative Abfertigung aller Stückgutladung im Hafen muß sich den Möglichkeiten erschließen, die die modernen Datenkommunikations-Systeme anbieten.

Schon 1971 begeben sich die beiden deutschen Universalhäfen – zunächst gemeinsam – auf das Neuland der Datenverarbeitung. Viele Erkenntnisse werden gewonnen. Die wichtigste bleibt die Einsicht, daß die unterschiedlichen Unternehmensstrukturen der beiden Häfen («Monopolbetrieb« Bremer Lagerhaus in den bremischen Häfen und Unternehmensvielfalt in Hamburg) kein gemeinsames Vorgehen zulassen. In Hamburg geschieht nach Beendigung der Kooperation mit Bremen zunächst recht wenig, um nicht zu sagen »gar nichts«! Erst später macht sich Hamburg – einmal mehr – auf die Verfolgungsjagd und findet am Ende den

Im Süden, vor den Toren Hamburgs, entstand Europas größter Rangierbahnhof. Im Juli 1977 wurde die erste, 1980 die zweite Baustufe des Rangierbahnhofs Maschen in Betrieb genommen.

Wie ein überdimensionales Spielzeugmodell mutet der Rangierbahnhof Maschen heute an.

optimalen Einstieg. Das Zauberwort des Jahres 1984 wird lauten: »DAKOSY«, das DAtenKOmmunikations-SYstems der Hamburger Hafenunternehmen, der Spedition und der Schiffsmakler.

Inzwischen ist die Aufholjagd im Containerumschlag weitergegangen. Gar mancher glaubt nicht mehr, daß die Hamburger es doch noch schaffen werden, ihrem Ruf als führender Hafen auch bei den neuen Technologien gerecht zu werden. Der Abstand zu den bremischen Häfen wird immer kleiner, doch auch 1976 haben die Weseraner noch eine Handbreit mehr Stückzahlen als die Hamburger in ihrer Statistik. Um rund 35.000 TEU-Einheiten liegen die Bremer vorn. Der Vorsprung schwindet im folgenden Jahr. Endlich, 1978 überrundet der größte deutsche Hafen auch im Containerverkehr die sich mit allen Kräften wehrende Konkurrenz am Mündungstrichter der Weser, die, wie schon einmal in der Vergangenheit, den nun sehr groß gewordenen Schiffen den Weg nach Bremen schwer macht. Die Freude der Elbianer ist nur von kurzer Dauer. Genau ein Jahr später scheint der Triumph bei der Konkurrenz perfekt. Mehr als 686.000 Einheiten zählt die Statistik, während man in Hamburg »nur« auf wenig mehr als 637.000 Container (TEU) kommt. Doch die Würfel sind in Wirklichkeit längst zugunsten Hamburgs gefallen.

In einem so vielfältigen Betrieb wie dem Hamburger Hafen ist moderne Datenverarbeitung unverzichtbar geworden. Mit DAKOSY (Daten-Kommunikations-System) wurde ein wichtiger Schritt in die Zukunft getan.

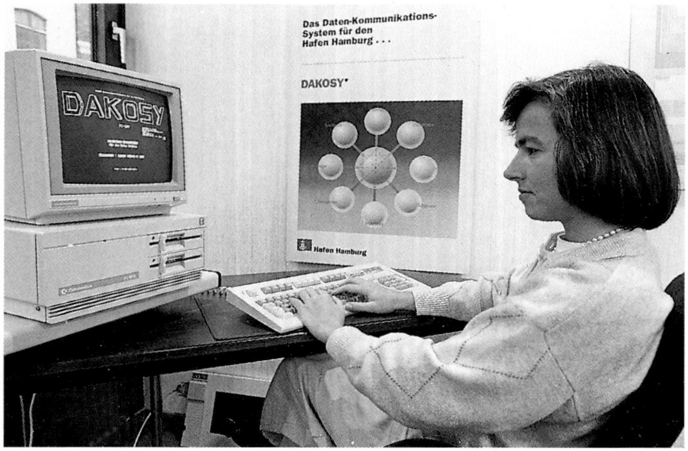

Hamburg mit seinen immer enger werdenden Verbindungen in Richtung Fernost hat die besseren Atouts. 1980 führt Hamburg klar vor Bremen. Und 1987 ist der Unterschied beachtlich geworden: Bremische Häfen 1.055.811, Hamburg 1.451.351 TEU. Die »Pfeffersäcke« haben das Rennen nach über einem Jahrzehnt für sich entschieden und werden wohl auch wenig geneigt sein, diese Position wieder aufzugeben.

Mit den Veränderungen der Arbeit im Hafen hat sich über einen Zeitraum von drei Jahrzehnten das Bild des Hafenarbeiters gewandelt. Aus dem einstigen »Sackkarrenspezialisten« und muskulösen Schwerarbeiter ist – mehr und mehr – der sich vielerlei technischer Geräte bedienende Facharbeiter geworden, dessen körperliche Leistung immer weniger gefragt, dessen Kenntnisse im Umgang mit Gabelstaplern, Kränen, Containerbrücken, Torladern und anderen teuren Einrichtungen im Hafen immer höher eingeschätzt werden. Bleibt die Aus- und Weiterbildung der gewerblichen Mitarbeiter der Umschlagsbetriebe noch bis Mitte der siebziger Jahre eine Sache der Einzelbetriebe, wird sie 1976 zur Gemeinschaftsaufgabe der Hafenunternehmer, der Gewerkschaft Öffentliche Dienste, Transport und Verkehr sowie der Öffentlichen Hand, vertreten durch die Behörde für Schule, Jugend und Berufsbildung und der Behörde für Wirtschaft, Verkehr und Landwirtschaft. Bedeutender Partner bei diesem Vorhaben ist – wie schon in den Jahren zuvor – die GHBG, die Gesamthafenbetriebs-Gesellschaft, jene für den Hafen Hamburg wichtige Einrichtung, die aus den ehemals »unständig« beschäftigten Gewerblichen schon wenige Jahre nach Kriegsende fest angestellte Mitarbeiter macht, die den gleichen arbeitsrechtlichen und sozialen Schutz genießen wie die Kollegen bei den Hafeneinzelbetrieben. Und sie sorgt mit ihren fest angestellten Mitarbeitern auch dafür, daß zu einem großen Teil die oft gegebene unterschiedliche Beschäftigungssituation bei den einzelnen Hafenbetrieben arbeitskräftemäßig ausgeglichen werden kann. Wichtigstes Instrument für die Weiterbildung wird die Hafenfachschule Hamburg, wo sich die Mitarbeiter der Betriebe zum »Hafenfacharbeiter« qualifizieren können. Es spricht für die Hamburger Hafenarbeiter, daß sie seither in großem Umfange von dieser Weiterbildungsmöglichkeit Gebrauch machen, was – selbstverständlich – durch eine »Höhertarifierung« honoriert wird.

Die achtziger Jahre bringen Erfolge, aber auch neue Probleme. Der Hafen wird zunehmend zum Umweltproblem. Nicht daß man in Hamburg bedenkenlos giftige Stoffe, Unrat und andere ärgerliche Dinge in Elbe und Hafenbekken einleitet. Nein, es ist die Tatsache, daß der mündungswärts fließende Strom der Elbe regelmäßig in Hamburg »pausiert« (bei auflaufendem Wasser) und zum »Sinkbekken« für all jene belastenden Stoffe wird, die – fern von Hamburg – in der CSSR und DDR in die Elbe eingeleitet werden. Das ist der Preis der zunehmenden Industrialisierung in diesen Ländern, für die erst viel später als hierzulande der Gedanke des Umweltschutzes zu einer politischen Aufgabe ersten Ranges wird. Die Sinkstoffe sind mehr als »unerfreulich«. Sie reduzieren die Wassertiefe im Stromgebiet, teilweise aber auch in den Hafenbecken und gefährden so die reibungslose Abfertigung der großen abgeladenen Schiffe, für die eine bestimmte Wassertiefe vorgehalten werden muß, will man sie nicht als Kunden und damit arbeitsplatzsichernde Auftraggeber verlieren. Natürlich ist das Ausbaggern in heutiger Zeit kein technisches Problem, doch wohin mit dem giftigen Baggerschlamm, der, durch ein aufwendiges Verfahren, das Kies und Sand vom verseuchten Schlamm trennt, auf rund 30 Prozent des Baggergutes reduziert wird, den aber niemand in seiner Nähe dulden will. Und so wird zum Abenteuer, was eigentlich einer Lösung zugeführt werden müßte. Das gilt nicht nur für den Hafen. Da werden Schiffe mit umweltschädlicher Ladung zu »Fliegenden Holländern«, da werden Geschäfte mit devisenknappen Ländern gemacht, die bereit sind, Dreck gegen harte Währung »einzukaufen«, und da wird nach dem Motto gehandelt: »Heiliger Florian, schütz mein Haus, zünd andere an«.

Der zunehmende Verkehr auf der Elbe, vor allen Dingen aber die wachsende Größe der Bulkcarrier schafft Probleme ganz anderer Art. Es sind die Großtanker, die so manchem Fachmann der Gefahrenbekämpfung die Nackenhaare zu Berge stehen lassen. Besonders an einem Tag, im Juli 1981 ist das der Fall, als ein liberianischer Tanker am flachen Nordufer der Elbe auf Grund läuft. Auf Messers Schneide stehen Rettung oder Katastrophe. Die Retter haben Glück, die Katastrophe bleibt aus. Eine absolute Sicherheit kann es nicht geben, doch Gebot der Stunde bleibt, das Menschenmögliche zu tun. Und das wird getan. Gebaut wird die Öl-Pipeline von Wilhelmshaven nach Hamburg, die die Rohölanlandungen in Hamburg um mehr als 5 Millionen Tonnen reduziert. Schade nur um die schöne Seehafenstatistik, die jetzt nicht mehr so strahlend aussieht wie kurze Zeit zuvor.

Und noch ein Problem verschärft sich zunehmend: die Werftenkrise. Die Auftragspolster schmelzen wie die Butter in der Sonne. Nicht daß es keine Schiffbauaufträge mehr gäbe. Aber die Schiffe werden bei der Kostenstruktur der deutschen Werften für die bestellenden Reeder zu teuer. Werft- und Schiffahrtshilfe hin oder her, die Konkurrenten in den »Billigländern« – besonders des Fernen Ostens – haben in den letzten Jahren viel gelernt, und sie sind nennenswert preiswerter, denn zu den Niedriglöhnen kommen noch enorme Subventionen. Und sie bauen, wie sich herausstellt, keine schlechten Schiffe. So hält denn die Strukturkrise der Werften an. Sie macht erst in den letzten Jahren des Jahrzehnts (und nachdem viele Arbeitsplätze abgebaut oder wegrationalisiert wurden) wieder einem verhaltenen Optimismus Platz.

Zu den wichtigen Einrichtungen des Hafen Hamburg gehört immer auch noch die Speicherstadt, großartiges Baudenkmal aus der Gründungszeit des Freihafens, um den es einige Male mit der Kommission der Europäischen Gemeinschaft in Brüssel Ärger gibt. Letzten Endes einigen sich die Bundesregierung und die Kommission in Brüssel, und die Funktionen des Freihafens bleiben zum Nutzen der Hafenkunden weitgehend erhalten. – Dafür wird die Speicherstadt plötzlich Mittelpunkt erregter Auseinandersetzungen. Es geht um die Zukunft der aus roten Backsteinen im Stil des Historismus erbauten Speicher, die immer noch – wie vor 100 Jahren – in großem Umfange ihren Zweck erfüllen und deren Konstruktion etwas bietet, was noch heute erstaunt: ein »Eigenklima«, das für viele empfindliche Güter optimale Lagerbedingungen garantiert. Doch niemand, der die Augen offen hält, übersieht, daß sich die Zeiten geändert haben. Werden in der Zeit der konventionellen Schiffahrt mehr als 90 Prozent aller aus Übersee ankommenden Güter

Eine Bootsfahrt durch die Speicherstadt zählt zu den schönsten Eindrücken des Welthafens.

auf der Wasserseite der Speicher angeliefert, während die Auslieferung für den Weitertransport weit überwiegend an der Landseite in Lkw erfolgt, spielt sich heute der Umschlag in beiden Richtungen fast ausnahmslos an der Landseite ab. Jeder mag selbst nachvollziehen, was das abfertigungstechnisch bedeutet. Der Einsatz moderner Flurförderzeuge gestaltet sich auf den Böden recht schwierig. Auch haben sich die Distributionsgewohnheiten in Teilbereichen nennenswert verändert. Doch ist auch nicht zu übersehen, daß der Markt selbst für die notwendigen Angleichungen sorgt. Kein Grund also, hektisch zu handeln. Das gilt auch für die ordnungspolitischen Vorstellungen der Stadtverwaltung, zu deren Aufgabe es zweifellos gehört, auf sich abzeichnende Veränderungen rechtzeitig zu reagieren. So wie der Spruch wahr bleibt: »Unternehmer sein heißt vorausschauen«. Deshalb bleiben die Beteiligten aufgefordert, über die Zukunft der Speicherstadt – möglichst gemeinsam – nachzudenken, denn es gibt keinen Anlaß anzunehmen, Konsens könnte nicht erreicht werden.

Die achtziger Jahre bringen auf vielen Gebieten bedeutende Veränderungen. Der Ausbau des Hafens geht ständig weiter, es vollzieht sich jetzt – erstmals nach der neuen Hafenordnung von 1970 – ein Prozeß der Konzentration im Hamburger Hafen. Er ist – wie die studierten Leute sagen – nicht nur »horionzontaler« (Firmen der gleichen gewerblichen Aufgabenstellung finden sich zusammen), sondern auch »vertikaler« Natur (Firmen mit verschiedenen gewerblichen Aufgaben fusionieren). Als erster europäischer Hafen macht Rotterdam diese Entwicklung durch. In Hamburg setzt der Prozeß dagegen relativ spät ein. Er ist unvermeidbar, denn immer kostspieliger werden die Investitionen, die das moderne Verkehrswesen verlangt (und wie soll ein kleineres Unternehmen das schaffen?), immer höher wird die Meßlatte von den Reedern gelegt, wenn es um das Dienstleistungsangebot der Terminals geht. Platz wird benötigt, und der ist oftmals nur beim Nachbarn und Konkurrenten vorhanden. Kein Wunder, daß bei der geschilderten Situation die Konzentrationsbewegung nicht mehr aufzuhalten ist. Es entstehen größere Einheiten wie bei der Gruppe »Eurokai« mit Holzmüller und Paetz & Co., Buss mit seinem Afrika-Terminal, der Lager- und Speditionsgesellschaft, die wiederum Teile des Hapag/Lloyd-eigenen Unikai übernimmt. Oder die HHLA (ohnehin größtes Unternehmen), die – von Anfang an an Hansaport beteiligt – zunächst eine Schachtel und dann das gesamte Untrernehmen Unikai erwirbt. Die Stauereien, gestern noch Gewerbetreibende, die allein die

Der alte Kaispeicher B am Brooktorhafen, Ecke Magdeburger Hafen, neben der Meyerstraßen-Drehbrücke. 1878/79 als Silospeicher gebaut, wurde er nach Einsetzen von Böden als Lagerspeicher genutzt.

Die Speicherstadt an der Niederbaumbrücke. Unübersehbar die dichtgedrängte Zahl der Lastwagen an der Landseite der Speicher.

Arbeiten im Schiff erledigt und völlig selbständig wie unabhängig tätig waren, verbinden sich zunehmend mit Umschlagsbetrieben. Mal engagiert sich ein Stauer im Kaiumschlag, meistens aber übernehmen die Umschlagsbetriebe Stauereien. Ähnliches gilt, wenn auch in begrenztem Umfange, für andere Dienstleistungsgruppen. Kein Zweifel, daß dieser Prozess noch nicht abgeschlossen ist.
Viel tut sich auch in der Datenverarbeitung. Längst ist DAKOSY zum unumstrittenen Kommunikationszentrum des Hafens geworden. Ein wenig fremd klingen sie schon, die vielen zusätzlichen Programme, die helfen, die Abfertigung im Hamburger Hafen schnell und zuverlässig zu machen. Wie SEEDOS, das Seehafen-Dokumentations-System für Spediteure, oder TALDOS, das Tally-Dokumentations-System. Vorgehalten wird auch ein Container-Dispositions- und Control-System, das den Namen CONDICOS trägt. Damit sind längst noch nicht alle Programme genannt, die der DAKOSY-Systemverbund seinen Partnern, den Hafen-Umschlagsbetrieben, den Linienagenten, Ladungskontrolleuren, der Spedition, aber auch Behörden, Verlagen und Organisationen anbietet.
Die Zeit seit Kriegsende verläuft für den Hafen Hamburg, wenn auch nicht uneingeschränkt und in jedem Jahr, insgesamt positiv. Der Hafen wird nicht nur wieder in vollem Umfange aufgebaut, sondern macht darüber hinaus einen gewaltigen Anpassungsprozeß an die modernen Verkehrstechnologien durch. Der Erfolg fällt den Hafen-Hamburgern und ihren Partnern in der Verkehrswirtschaft und Spedition nicht in den Schoß. Er stellt sich nach harter

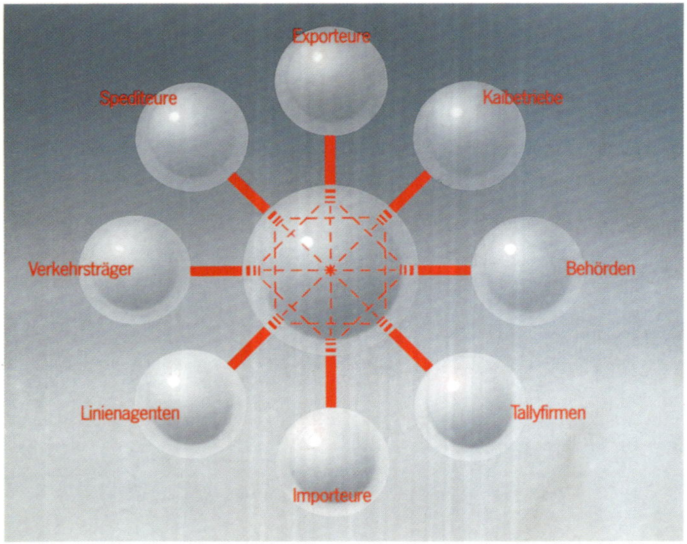

DAKOSY FUNKTION

Arbeit und vielen Mühen erfreulicherweise immer wieder rechtzeitig ein. Die Wettbewerbsposition kann gefestigt und ausgebaut werden. Viel wird in den Verbandsgremien des Hafens, aber auch in den Organisationen der Verkehrsträger und der Spedition sowie in den Ausschüssen der Handelskammer darüber nachgedacht, was wird sein, wenn die Dienstleistungsfreiheit im Europa der Gemeinschaft Wirklichkeit wird, wenn die Gesetze auch die letzten Einschränkungen im Wettbewerb verbieten, also das Verkehrsgewerbe, aber auch die Häfen u.a. im Bereich der genehmigten Tarife nicht mehr davon ausgehen dürfen, ein wenig weniger marktwirtschaftlich handeln zu können als andere Wirtschaftszweige. Die Umstellung auf einen völlig liberalisierten Markt wird schwer werden und vielen Unternehmen Sorgen bereiten. Was aber kommt insgesamt in den nächsten Jahren auf die Hafenwirtschaft zu, und welche Chance haben die Unternehmen, mit der neuen Situation fertig zu werden? Darüber im nächsten Abschnitt mehr.

Ausblick auf das Jahr 2000

Die Zahl 2000 hat für manche Menschen etwas »Magisches«. Kein Wunder, geht doch ein Jahrtausend der Zeitrechnung eines Christenmenschen zu Ende. Dennoch sagt uns die Magie der Zahl heute kaum noch etwas. Die Zeiten, als man mit der Kabbala der Zahl Kräfte besonderer Art zuschrieb, sind vorbei. Man ist nüchtern geworden, konzentriert sich auf das, was vor einem liegt, und schiebt dem Gott oder den Göttern nur beschränkt die Verantwortung für das zu, was man geschäftlich in die Hand nimmt. Es sei denn, man lebt in einer Weltgegend, in der auch heute noch der Segen des Himmels für das Gelingen der geplanten geschäftlichen Transaktionen herabgefleht wird. – Hierzulande sind allenfalls die Sorgen größer geworden, ob denn den vielfältigen Herausforderungen durch die richtigen Maßnahmen entsprochen werden kann und ob die Informationen ausreichen, um das Risiko auszuschalten oder doch weitgehend einzuengen. Auf eine »höhere Macht« verläßt sich da niemand mehr.

Für den Hafen Hamburg zeichnen sich positive wie problemhafte Entwicklungen ab. Zu den positiven gehört zweifellos die Tatsache, daß die Anbindung an das Hafenhinterland durch den Ausbau der neuen Trasse der Deutschen Bundesbahn von Kassel über Fulda, Würzburg nach München (und damit auch nach Österreich, Ungarn etc.) den Süden näher an Hamburg bringt. Die neue Verbindung wird sowohl die tarifkilometrische Entfernung verkürzen, wie sie die Transportzeiten nennenswert reduzieren wird. Und sie wird zweifellos im Wegewettbewerb der miteinander konkurrierenden Verkehrsträger auch preiswerter werden. Eine für den Hafen Hamburg ausgezeichnete Zukunftserwartung, denn der Süden gehört – wenn es so etwas heute überhaupt noch gibt – zum »natürlichen« Ladungshinterland des größten deutschen Seehafens.

Weniger erfreut sehen die Hafen-Hamburger der Eröffnung der sich jetzt »Main-Donau-Kanal« nennenden Kanalverbindung zwischen Donau und Rhein entgegen. Dieser Kanal, von seinen bayerischen Förderern euphorisch gefeiert, wird in vielerlei Hinsicht eine ähnliche Entwicklung durchmachen wie der Elbe-Seiten-Kanal. Das allerdings setzt voraus, daß die Bundesregierung ihr Versprechen hält, daß dieser Kanal eine nationale deutsche Wasserstraße bleibt, also keine »Internationalisierung« erfährt. Würde dies dennoch geschehen, müßte mit Ladungsabwanderungen in auch größerem Umfange gerechnet werden, weil zu befürchten stände, daß die Preispolitik der östlichen Anliegerstaaten weniger von betriebswirtschaftlichen als von volkswirtschaftlichen Überlegungen (mit Schwerpunkt Deviseneinnahmen) gekennzeichnet sein würde. Selbstverständlich ist davon auszugehen, daß bilaterale Schiffahrtsabkommen auch den Partnern in den RGW-Ländern diesen neuen Schiffahrtsweg erschließen, doch kann im Rahmen solcher Abkommen dafür gesorgt werden, daß gleiche Spielregeln für alle gelten.

Weit weniger transparent stellt sich die Entwicklung des Verkehrswesens innerhalb der EG dar. Noch pokern die Staaten der Gemeinschaft, und die Kommission in Brüssel ist mit von der Partie. Nach wie vor gibt es Drohgebärden und die Ankündigung nationaler Maßnahmen, offenbar in der Absicht, die nicht erreichte Harmonisierung bei den Steuern und Abgaben, den Soziallasten und Sicherheitsforderungen und im Umweltschutz mindestens in Teilbereichen durchzusetzen, bevor sich die Dienstleistungsfreiheit im Europa der Gemeinschaft Bahn bricht. Was verbirgt sich hinter diesen Auseinandersetzungen, und welche Bedeutung hat die angekündigte Liberalisierung für die Häfen?

Die deutschen Seehäfen und damit auch Hamburg, kämpfen schon seit Jahrzehnten mit Bonn um die verkehrspolitische Gleichstellung mit den Wettbewerbshäfen, besonders an der Rheinmündung. Grund: Die Situation für die deutschen Häfen wurde zunehmend problematischer, weil es beim Straßen- und Binnenschiffverkehr zu einer Spaltung des Verkehrsmarktes kam. Während man in der Bundesrepublik Deutschland das Ordnungssystem für das Verkehrswesen – versehen mit einer lückenlosen Überwachungsorganisation – erhält, ja ausbaut, entwickelt sich der grenzüberschreitende Verkehr zunächst langsam, dann zunehmend schneller in Richtung auf eine völlige Liberalisierung. Während in der Bundesrepublik der Reichskraftwagentarif (RKT) preisbestimmend den gewerblichen Güterkraftverkehr regelt, wird im grenzüberschreitenden Verkehr das Ordnungssystem löchrig wie ein Schweizer Käse. Immer mehr Genehmigungen werden vergeben, Erleichterungen bei der Mitführung von Treibstoff eingeführt und beim Grenzübertritt die Kontrollen abgebaut, während die Preisgestaltung weitgehend eine Sache der freien Vereinbarung zwischen den Vertragspartnern wird.

Die Entwicklung zur »grenzüberschreitenden Liberalität« ist eindeutig Folge der Untätigkeit der Europäischen Gemeinschaft, die in Folge des Römischen Vertrages die Pflicht hatte, für die Dienstleistungsfreiheit im innergemeinschaftlichen Verkehr zu sorgen. Doch das ist über Jahrzehnte nicht geschehen. Nur grenzüberschreitend beugt sich die Brüsseler Kommission dem Druck unserer westlichen Nachbarn, die naturgemäß ein großes Interesse an der deutschen Ladung haben, weil sie ein Vielfaches dessen ausmacht, was die jeweils eigenen nationalen Wirtschaften im überseeischen Außenhandel auf die Beine bringen.

Die zunehmende Liberalisierung im grenzüberschreitenden Verkehr wird damit zum vitalen Problem für die deutschen Seehäfen, die ihr eigenes Leistungspotential nur dann mit Erfolg den Kunden verkaufen können, wenn im Vor- und Nachlauf grundsätzlich einheitliche Wettbewerbsbedingungen gegeben sind, d.h. wenn sich im grenzüberschreitenden Verkehr die Tarif- und Preisgestaltung nicht prinzipiell anders darstellt als im Binnenverkehr der Bundesrepublik Deutschland.

Veranlaßt durch die zunehmende Verschlechterung der eigenen Wettbewerbsposition, beginnen die deutschen Häfen und die Küstenländer, sich dieses Themas konsequenter als zuvor anzunehmen, und bemühen sich, den Straßenverkehr und die Binnenschiffahrt zu veranlassen, im Rahmen ihrer bestehenden Ordnungssysteme für den Seehafen-Hinterlandverkehr Bedingungen einzuführen, die der Entwicklung im grenzüberschreitenden Verkehr Rechnung tragen. Das Motto der Aktion lautet: »Blaue gleich grüne Grenze«, d.h. man vertritt den Standpunkt, daß für eine Aus- oder Einfuhr über See in der Europäischen Gemeinschaft gleiche Grundsätze zur Anwendung kommen müssen wie im Binnenverkehr. Die deutschen Seehäfen erwarten, daß u.a. die Tarifmargen im Vor- und Nachlauf den Möglichkeiten im grenzüberschreitenden Verkehr angepaßt werden. Im Rahmen dieser Forderung drängen die Seehäfen, unterstützt von den norddeutschen Küstenländern, auf eine Flexibilisierung des Paragraphen 22a des Güterkraftverkehrsgesetzes im Sinne der Markterfordernisse, also Vereinfachung der Genehmigungsvoraussetzungen für den Abschluß von Sondervereinbarungen und den weitgehenden Abbau der administrativen Vorschriften. Dabei geht es zu keiner Zeit darum, die geographischen oder infrastrukturellen Probleme der deutschen Häfen mit Hilfe von Förderungstarifen auszuräumen.

Was auf freiwilliger Basis nicht gelingt, erreichen die im Zentralverband deutscher Seehafenbetriebe zusammengefaßten deutschen Seehäfen mit Hilfe der Küstenländer im Bundesrat und im Bundestag. Die geforderte Liberalisierung des § 22 a wird, wenn auch in abgeschwächter Form, Wirklichkeit. Ein Teilerfolg ist erzielt, wenn auch insgesamt die Gleichstellung mit dem grenzüberschreitenden Verkehr noch längst nicht erreicht ist. Doch inzwischen hat sich vieles geändert. Die scheinbar so festgefügte Verkehrsmarktordnung in diesem Lande gerät aus ganz anderen Gründen in Bewegung. Auslösender Faktor ist das Urteil des Europäischen Gerichtshofes aufgrund einer Untätigkeitsklage des Europäischen Parlaments. Nachdem jahrzehntelang die Europäische Gemeinschaft in der Frage eines einheitlichen Binnenverkehrsmarktes der EG untätig geblieben ist, kommt es zum Spruch des Europäischen Gerichtshofes (EuGH). Das Urteil des EuGH vom 22. Mai 1985 verändert die Verkehrsgrundlagen radikal und setzt neue Maßstäbe. Das Urteil verpflichtet nämlich die Mitgliedstaaten der EG, die Dienstleistungsfreiheit auch auf dem Gebiet des Verkehrs herzustellen und Diskriminierungen der Mitglieder abzubauen. Dabei stützt sich der EuGH besonders auf die Artikel 59 bis 66 sowie 74 bis 84 des Vertrages zur Gründung der Europäischen Wirtschaftsgemeinschaft vom 25. März 1957.

Seither steht das Thema auf der Tagesordnung der EG-Mitgliedsländer und erhitzt nach wie vor die Gemüter, steht man doch unter nicht unerheblichem Zeitdruck. In ihrem Weißbuch vom 15. Mai 1985 setzt sich die EG-Kommission mit den Maßnahmen zur Vollendung des Binnen-Verkehrsmarktes auseinander und empfiehlt u.a. die Aufhebung aller Kontingente im grenzüberschreitenden Güterkraftverkehr und die Zulassung der Kabotage bis spätestens 1988. Für die Binnenschiffahrt fordert sie die Dienstleistungsfreiheit im grenzüberschreitenden Verkehr und die Einführung des Kabotagerechtes ebenfalls bis 1988. Nur Teilerfolge sind der Kommission beschieden. Die zweitwichtigste Entscheidung fällt am 29. Juni 1985, als unter dem Druck des Urteils die Regierungschefs der EG-Mitgliedsländer in Mailand (Mailänder Gipfel) die Verwirklichung und Vollendung des EG-Binnenmarktes bis 1992 beschließen. Jetzt ist sie endgültig da, die »Deadline«, der Zeitpunkt, an dem die Liberalisierung Wirklichkeit sein soll. Im November 1985 und im Januar 1986 bequemen sich dann auch die Mitglieder des Ministerrates der Europäischen Gemeinschaft, zur Frage des Urteils und den Forderungen des Europäischen Parlaments Stellung zu nehmen. Es werden »Ja, aber«-Beschlüsse, denn man stellt ein bedingtes Junktim zwischen Dienstleistungsfreiheit und Harmonisierung her. Im Grundsätzlichen bleibt man bei dem Tenor des EuGH-Urteils und formuliert: »Bis spätestens 1992 soll ein freier Verkehrsmarkt ohne mengenmäßige Beschränkungen geschaffen werden; in der Zwischenzeit sollen die bilateralen Kontingente schrittweise und diskriminierungsfrei angepaßt und gleichzeitig die Gemeinschaftskontingente entwickelt werden. Während der Übergangszeit sollen die Wettbewerbsverzerrungen beseitigt werden.«

Viel Wasser ist seither die Elbe hinuntergeflossen, und immer noch ist nicht zu erkennen, wie schließlich die Dienstleistungsfreiheit in der Gemeinschaft aussehen wird. Die Benachteiligung der deutschen Seehäfen geht weiter, denn liberalisiert (und zwar inzwischen »total«) wurde nur der grenzüberschreitende Verkehr. Der binnendeutsche Verkehrsmarkt zeigt zwar teilweise Tendenzen eines wettbewerbsorientierten Verhaltens der Binnenverkehrsträger, doch bleibt für die deutschen Seehäfen ein gerüttelt Maß an Diskriminierung bestehen.

Pustet man einmal den Nebel der vielerorts anzutreffenden gezielten Desinformation beiseite und versucht, dem EuGH-Urteil inhaltlich zu folgen, dann ergibt sich vor allen anderen Erklärungsmöglichkeiten folgende Interpretation: Die im EuGH-Urteil geforderte Dienstleistungsfreiheit gehört zusammen mit der Freiheit des Waren- und Kapitalverkehrs, der Freizügigkeit der Arbeitnehmer und der Niederlassungsfreiheit zu den Elementen, die die Mitgliedstaaten zu einer Wirtschaftsgemeinschaft zusammenfügen. Regelungen des Zugangs zum Beruf und des Zugangs zum Markt stellen zwar immer eine Einschränkung der Dienstleistungsfreiheit dar, sind deshalb aber noch nicht schon vertragswidrig. Sie wären es aber dann, wenn sie mißachten, daß der Vertrag die Schaffung eines gemeinsamen Marktes auch für Transportleistungen gebietet und damit alle einzelstaatlichen Regelungen, die bestimmte Verkehrsmärkte der jeweils eigenen Verkehrswirtschaft vorbehalten, mit dem Prinzip der Dienstleistungsfreiheit nicht vereinbar sind. Schließlich gilt, daß wer in einem Mitgliedstaat der Gemeinschaft niedergelassen ist und gewerblich Dienstleistungen erbringt, dies in allen Mitgliedstaaten tun können soll, ohne daß er auch noch dort zuvor Niederlassungen eröffnen muß. So wenig der Verkauf eines deutschen Industrieerzeugnisses in Frankreich davon abhängig gemacht werden darf, daß der Hersteller in Frankreich eine Produktionsstätte errichtet, so wenig darf vorausgesetzt werden, daß ein ausländischer Fuhrunternehmer in Frankreich oder in der Bundesrepublik niedergelassen sein muß, um dort oder hier Zugang zur Ladung finden zu können. So formulierte es der Deutsche Industrie- und Handelstag. Der Weg zur Dienstleistungsfreiheit wird dornig bleiben. Am Ende wird sie sich durchsetzen, und damit wird es dann auch die Gleichstellung im Wettbewerb für die deutschen Häfen geben.

Die Zukunft hält noch andere Probleme in ihrem Füllhorn der Überraschungen bereit, wie zum Beispiel die Kartellrechtsreform. Im Frühjahr 1988 macht sich eine Arbeitsgruppe des Bundeswirtschaftsministeriums auf den Weg, die verschiedenen Ausnahmebereiche des Kartellrechts zu überprüfen. Dabei geht es vor allen Dingen um den gesamten Bereich des Verkehrs. Dem Paragraphen 99 des Gesetzes über Wettbewerbsbeschränkungen (GWB) zufolge findet nämlich das Gesetz keine Anwendung, wenn es um die Beförderung bzw. Besorgung der Beförderung von Gütern geht bzw. um Verkehrsleistungen und -nebenleistungen, wenn die Entgelte oder Bedingungen durch Gesetz oder Rechtsverordnung oder aufgrund eines Gesetzes oder einer Rechtsverordnung festgesetzt oder genehmigt werden. Entsprechendes gilt für Verträge von See- und Flughafen-

Unternehmen, Unternehmen des Güterumschlages, der Güterbeförderung, der Güterlagerung, der Befrachtung, der Abfertigung etc. etc. Und damit soll es nun vorbei sein.
Anzunehmen ist, daß nur noch unverbindliche Verbandsempfehlungen (Referenztarife) zugelassen werden. Was bedeutet das für die Hamburger Hafenwirtschaft? Es bedeutet zunächst, daß verbindliche Preisabsprachen nicht mehr möglich sind. Es können im Falle der angestrebten Novellierung des Gesetzes nur noch Verbandsempfehlungen bei der Kartellbehörde angemeldet werden, und zwar unter Beifügung der Stellungnahmen der betroffenen Wirtschaftszweige. Solche Verbandsempfehlungen sind ausdrücklich als unverbindlich zu bezeichnen, und es darf zu ihrer Durchsetzung kein wirtschaftlicher, gesellschaftlicher oder sonstiger Druck angewendet werden. Gleichzeitig aber müssen die Tarifpreise weitgehend eingehalten werden, weil sie sonst als »Mondscheintarife« der Mißbrauchsaufsicht zum Opfer fallen. Und Mißbrauch wäre wohl schon dann gegeben, wenn empfohlene Preise in mehreren Fällen von den Preisen des Referenztarifes abweichen. Damit ist die Quadratur des Kreises perfekt. Die Liberalisierung wird höchstwahrscheinlich auch in die Häfen einziehen, und es kann keinem Zweifel unterliegen, daß damit ein für viele schmerzhafter Prozeß der Umstellung verbunden sein wird.
In seiner Zukunftsbedeutung ebenfalls noch nicht ganz einzuordnen ist für Hamburg die Bedeutung des voraussichtlich 1993 fertiggestellten Kanal-Tunnels zwischen England und Frankreich. Der Kanal-Tunnel wird möglicherweise Ladung auf sich ziehen, die heute via Hamburg nach Großbritannien verschifft wird. Doch mache man sich nichts vor. Bereits jetzt verlagert sich das Geschäft zwischen den britischen Inseln und dem Kontinent immer mehr auf Lkw- und

1993 soll sie fertig sein. Die Kanalunterquerung zwischen Frankreich und England. Ein Projekt mit Auswirkungen auf den Güter- und Personenverkehr.

Der Anblick von Passagierschiffen im Hafen ist selten geworden. Zu ihnen gehört die regelmäßig von Hamburg nach Harwich verkehrende »England-Fähre« mit dem Namen *Hamburg*.

Eisenbahnfähren, und diese Tendenz wird anhalten. Ausgenommen davon bleibt die echte »Hamburg-Ladung«, also jene Güter, die in Hamburg produziert bzw. bearbeitet und ausgeführt werden, oder aber im einkommenden Verkehr in Hamburg gelöscht und hier verbraucht oder verarbeitet werden bzw. vorläufig in den Lagern oder Speichern Hamburgs verbleiben. Höchstwahrscheinlich ist diese Ladung auch nach Fertigstellung des Kanaltunnels nicht gefährdet. Ähnliches gilt teilweise für den Seetransit.

Einfacher sind da schon die Prognosen über das Bild des Hafens der Zukunft. Die Hafenanlagen und Containerterminals des Jahres 2000 und danach werden sich nur wenig von den heutigen modernen Anlagen unterscheiden. Überleben werden die Unternehmen und Häfen, die sich aller Möglichkeiten kostengünstiger Neuerungen im abfertigungstechnischen Bereich wie bei der Kommunikation und Information bedienen. Informations- und Steuertechniken werden die Leistungsentwicklung aller Einrichtungen und Geräte bestimmen. Von Bedeutung könnten Veränderungen der Abmessungen bei den Containern werden. Doch ist anzunehmen, daß die Normer darauf achten werden und müssen, daß die Verriegelungs- und Umschlagseinrichtungen möglichst unverändert bleiben, würde es doch sonst zu erheblichen Störungen bei der Weiterentwicklung des Verkehrs kommen. So geht es denn im Augenblick auch nur primär darum, Container zu normen, die größere Ladungsvolumina aufnehmen können. Im Gespräch sind breitere und höhere Container als heute, die aber »systemtreu« bleiben sollen.

Der Trend zu größeren Schiffseinheiten wird anhalten, auch wenn die bereits im Einsatz befindlichen Schiffe der vierten Generation in der Containerschiffahrt große Mühe haben, profitabel zu arbeiten. Die Verkehrskonzentration von Containern an wenigen Hafenplätzen ist zur Zeit noch nicht in dem von den betroffenen Reedereien gewünschten Umfange machbar. Zubringerverkehre verteuern den Transport und werfen außerdem eine Reihe organisatorischer Probleme auf. Erst müssen die Distributionsgewohnheiten und logistischen Verhaltensweisen geändert, neue Infrastrukturen und fortschrittliche Techniken im Vor- und

Im »Feeder-Service« bringen Küstenmotorschiffe (Kümos) Container in Häfen, die nicht an Übersee-Containerlinien angeschlossen sind. Dies ist insbesondere für die Häfen Skandinaviens und der Ostsee von Bedeutung.

Nachlauf eingeführt und die Dienstleistungsfreiheit Realität werden, um noch größeren Containerschiffen eine wirtschaftliche Zukunft in Aussicht stellen zu können. Ob das überhaupt möglich sein wird, muß fraglich bleiben, denn nicht alles, was supergroß ist, muß wirtschaftlich vernünftig sein, und nicht alles, was in der Theorie einleuchtend erscheint, hält den Anforderungen der Praxis stand.

Wichtig ist die Entwicklung des Hafens zum Distributionszentrum. Nur wenn es dem Hafen gelingt, sich gegenüber den Reedereien (und hier wieder besonders gegenüber den Containerreedern) dadurch eine bessere Position zu schaffen, daß zusätzliche Leistungen den Ladungskunden veranlassen, auf eine Abfertigung in Hamburg zu drängen, kann die Gefahr reduziert werden, daß sich Containerreeder schon wegen geringfügiger Mehrkosten im Umschlag einem anderen Hafen zuwenden. Der Container ist nun einmal kein »Umschlagsproblem« und kann deshalb ein sehr »flüchtiger« Gast in einem Hafen sein. Wird aber bei einem bedeutenden Anteil des Box-Aufkommens z.B. der Ladungsinhalt in ein Hafen-Distributionslager überführt oder werden im ausgehenden Verkehr zusätzliche Leistungen an der Ladung erbracht, dann kann ein Hafen ziemlich sicher sein, daß er die Reeder an sich bindet.

Zu erwarten ist, daß neue Formen der Kooperation das Bild des Überseeverkehrs in Teilbereichen verändern, zum Beispiel im Verkehr zwischen Industrie- und Entwicklungsländern oder zwischen verschiedenen Entwicklungsländern. Die in fast allen Schwellen- und Entwicklungsländern anzutreffende mangelhafte Ausgestaltung mit Infrastruktureinrichtungen (besonders im Straßen- und Schienenverkehr) könnten im Containerverkehr dazu führen, daß sich See- und Luftverkehr zu einer Aufgabenteilung zusammenfinden. Die Überbrückung der zum Teil großen Entfernungen zwischen den (wenigen) Häfen der Entwicklungsländer und den Ziel- oder Abgangsorten im Binnenland ist durch Einsatz von Flugzeugen zu meistern, während die Seestrecken Sache der wirtschaftlichen Beförderung durch Containerschiffe bleiben.

Ob es zum Einsatz völlig neuer Technologien im Seeverkehr kommen wird, ist begründbar kaum vorauszusagen. Alle bewegen sich im Bereich der Spekulation, wenn sie von riesigen Fracht-U-Booten reden, die sicher und wirtschaftlich die Meere unter Wasser »kreuzen«, oder wenn so mancher über Antriebseinrichtungen und Schiffsformen philosophiert, mit denen Großschiffe, auf oder über dem Wasser gleitend, ihre Frachten (und Passagiere) befördern. Ein wenig anders wird es vielleicht beim Tourismus aussehen, gibt es dort doch schon erste Aussichts-U-Boote.

Die Frachtbeförderung mit Raketen dürfte wohl noch etwas auf sich warten lassen und erst dann in die Diskussion kommen, wenn Luftfracht nicht mehr mit Flugzeugen befördert wird, die für den Passagier konzipiert wurden, sondern mit modernen Nur-Frachtflugzeugen, die entsprechend leistungsfähig sind. Erst wenn die Möglichkeiten im Bereich der »konventionellen« Frachtjets ausgeschöpft sind, ist mit dem nächsten Schritt zu rechnen. Die Zeit des Einsatzes von Nur-Frachtflugzeugen ist absehbar, denn die Ladungsstrukturen verändern sich weiter, und das in Richtung auf sehr teure und transportsensible Güter. Das heißt, daß auch – zu Lasten der Seehäfen – das Luftfrachtvolumen steigen und den Einsatz von Nur-Frachtflugzeugen lohnend machen wird.

Eine weitere Voraussage kann als risikolos gelten: Die Datenverarbeitung gewinnt weiter an Boden, denn der technische Fortschritt in allen Bereichen der Elektronik erlaubt den Einsatz leistungsstarker Hard- und Software praktisch bei »jedermann«. Das bedeutet, daß die Zukunft eine weitgehende Vernetzung zwischen allen am Verkehr Beteiligten bringt, und zwar weltweit. Die Datenverarbeitung wird nennenswert dazu beitragen, Verkehr schneller, zuverlässiger, sicherer und preiswerter zu machen. Den Nutzen davon haben alle Länder, denn der Außenhandel ist eine der wichtigen Stützen einer positiven Entwicklung der Weltwirtschaft. Und gerade der Außenhandel bedarf der ständigen

Das Ende einer Entwicklung? Eines der größten Container-Schiffe hat am Terminal Wilhelm Kaisen in Bremerhaven festgemacht. Die *Sea-Land-Atlantic* ist 290 m lang, 32,2 m breit. Der mit 57.075 BRT vermessene Frachter hat ein Fassungsvermögen von 4482 Standardcontainern (20 Fuß).

Blick in die Lagerhallen des Überseezentrums.

Leistungsverbesserungen im Verkehrswesen, weil möglichst alle Märkte schnell, sicher und preislich wettbewerbsfähig erreichbar sein müssen.
Die nächste Zukunft (und das schließt das Jahr 2000 ein) dürfte deshalb aller Voraussicht nach noch wesentlich von Verbesserungen der bekannten Transport- und Umschlagssysteme gekennzeichnet sein. Eine Entwicklung, die dennoch das Prädikat »fortschrittlich« verdient. Ein weiterer Grund für diesen Standpunkt liegt in der Feststellung, daß völlig neue Technologien im allgemeinen erst dann Akzeptanz in der Wirtschaft finden, wenn die praktizierten Methoden »voll ausgereizt« sind, das heißt, wenn die bestehenden Systeme und Technologien sich weiteren Verbesserungen und Leistungssteigerungen verschließen.
Was die Seehäfen angeht, ist ihre technische und organisatorische Ausgestaltung ein Spiegelbild des Überseeverkehrs schlechthin. Die Entwicklung der Seehäfen verläuft zwingend parallel zur Entwicklung der Schiffahrt. Die Häfen können nur dort Ergänzendes einbringen und zu ihrem Vorteil nutzen, wo es in die praktizierte Systematik der Transportketten hineinpaßt. Dennoch gibt es für die Häfen viele Möglichkeiten, die besonders im Bereich der Kommunikation und Information liegen. Auch die technische Ausgestaltung der Terminals spielt eine ebenso große Rolle wie die Übernahme wichtiger Funktionen in der Distribution und Logistik. Und schließlich werden Konzentration und Kooperation die Leistungsfähigkeit der Unternehmen weiter steigern.
Der Hafen Hamburg kann zuversichtlich, wenn auch nicht sorglos in die Zukunft schauen. Aber wann war die Zukunft für die Elbhanseaten jemals problemlos? Immer bewegte sich Hamburgs Hafen im »Auf und Ab der Gezeiten«. Entscheidend ist, daß sich alle – auch die Politiker dieser Stadt – uneingeschränkt für den Hafen und damit für das Herzstück der Wirtschaft der Metropole des Nordens einsetzen. Gleichermaßen wichtig aber ist die Fähigkeit der Unternehmen, sich den Erfordernissen des Wettbewerbs in einem ständigen Prozess anzupassen. Es gibt viele Vorteile, die für Hamburg sprechen. Da gibt es die Lage im Schnittpunkt der Märkte von EG, EFTA und RGW. Da gibt es ein riesiges Verkehrsaufkommen, das den Platz Hamburg für alle Verkehrsträger zum attraktiven Markt macht. Da gibt es den so bedeutenden Hamburger Außenhandel, dessen Markt die ganze Welt ist. Und es gibt die große Palette der vielen Verkehrsdienstleister, die die größte Stadt der Bundesrepublik Deutschland (nach Berlin) zum Dorado des Verkehrswesens machen. Es gilt die Vorteile zu nutzen. Auch die Liberalisierung des Verkehrswesens in der Europäischen Gemeinschaft kann aus Hamburger Sicht nur positiv gesehen werden, verbessert sich doch die Wettbewerbsposition gerade gegenüber den Westhäfen erheblich. Doch wichtiger als alle Einflüsse auf das Marktgeschehen ist das Selbstbewußtsein, mit dem an die Aufgaben der Zukunft herangegangen werden muß. Eine sich erfolgreich gestaltende Zukunft wird nicht geschenkt, sie muß hart erarbeitet werden. Das zu wissen, dürfte im Jahr des 800. Hafengeburtstages das wichtigste sein.

Eine Boeing 747-230F der Lufthansa. Das Hauptdeck des Jumbo-Frachters kann gleichzeitig durch die hochklappbare Frontladetür und durch eine seitliche Frachttür im Rumpfheck beladen werden.

Geburtstagsfeier im Hamburger Hafen

Mit Wasserfontänen und einer Flaggenparade wurde am 7. Mai 1989 der 800. Geburtstag des Hamburger Hafens gefeiert.

Auf dem Bild unten links: Das offizielle Emblem zum 800. Hafengeburtstag.

Auch die grün-weißen Schiffe der HADAG zeigten sich bunt.

Besuch aus der DDR. Der Raddampfer *Dresden* von der berühmten »Weißen Flotte«.

Der Eisbrecher *Stettin* befuhr jahrelang die Seeschiffahrtsstraße Unterelbe. Er war dort von 1946 bis 1981 im Einsatz. Heute ist er als fahrendes Museumsschiff unterwegs mit dem Heimathafen Lübeck.

Ein überdimensionales Hafengemälde schmückt die Dockwand von Blohm + Voss.

Ein Ausschnitt aus dem Gemälde auf der Dockwand von Blohm + Voss.

Das deutsche Segelschulschiff *Gorch Fock* beim Besuch im Hamburger Hafen. Es kam zur »Sail Hamburg '89« zusammen mit den größten und schönsten Segelschiffen der Welt in die Hansestadt.

»Sail Hamburg '89«

Das Vollschiff der italienischen Marine *Amerigo Vespucci* vom Typ der großen Fregatten des 19. Jahrhunderts.

Seit 1987 liegt die *Rickmer Rickmers* als neues Wahrzeichen Hamburgs an den St. Pauli Landungsbrücken.

Der mit Dampf betriebene Hafenschlepper *Tiger* hat seinen Liegeplatz im Museumshafen Oevelgönne.

Schlepper, Barkassen und Rettungskreuzer beleben den Hafen.

Großsegler: auch bei Nacht ein »glanzvoller« Anblick.

Die 1921 als *Magdalene Vinnen* in Kiel vom Stapel gelaufene Viermastbark wurde später das frachttragende Segelschulschiff *Kommodore Johnsen* des Norddeutschen Lloyd. Es fährt heute als russisches Schulschiff unter dem Namen *Sedov*.

Das Vollschiff *Libertad* der argentinischen Marine.

Bilder einer Auslaufparade, die trotz Regenwolken vielen Besuchern noch lange in Erinnerung bleiben wird.

Das Lotsenersatzschiff *Kommodore Rüser*, an Bord Bürgermeister Henning Voscherau und Prominenz, fungierte sozusagen als Staatsjacht bei der »Sail Hamburg '89«.

Quellenverzeichnis

Ausgewählte Literatur

Baermann, Georg Nicolaus: Hamburgische Chronik von Entstehung der Stadt bis auf unsere Tage. Hamburg, 2. Auflage 1822.

Bartels, Werner (Hrsg): Verkehr 2000 – Neue Verkehrssysteme verändern unser Leben. Hamburg 1988.

Beer, Karl-Theo/Kludas, Arnold. Der Hamburger Hafen auf alten Ansichtskarten 1888–1914, Herford 1988.

Beneke, Otto: Hamburgische Geschichten und Denkwürdigkeiten, zum Theil nach ungedruckten Quellen. Hamburg 1856.

Beneke, Otto: Hamburgische Geschichten und Sagen. 5. Auflage Stuttgart/Berlin 1903.

Bernzen/Sohnke: Verfassung der Freien und Hansestadt Hamburg. Hamburg 1976.

Bolland, Jürgen: Die Hamburger Elbkarte aus dem Jahre 1568 gezeichnet von Melchior Lorichs. Hamburg 1964.

Bracker, Jörgen: Hamburg von den Anfängen bis zur Gegenwart. Wendemarken einer Stadtgeschichte. Hamburg 1987.

Busch, Harald: Alt-Hamburg. Bilder einer alten Stadt. Hamburg 1949.

Cecil, Lamar: Albert Ballin, Wirtschaft und Politik im Deutschen Kaiserreich 1888–1918. Hamburg 1969.

Classen, Dr. J.: Festzeitung für das Neunte Deutsche Turnerfest in Hamburg 1898, Nr. 1 bis 12. Hamburg 1898.

Daubertshäuser, Klaus: Kurs 2000 – Für eine Verkehrspolitik der Vernunft. Frankfurt 1987.

Dirksen, Victor: Ein Jahrhundert Hamburg 1800 – 1900. München 1926.

Duppler, Jörg (Hrsg.): Hamburg zur See – Maritime und militärische Beiträge zur Geschichte Hamburgs. Herford 1989.

Eilers, Georg: Hamburger Vergangenheit. Hamburg 1922.

Elers, Hellmuth: Chronologie und Calendarium der Geschichte Hamburg's. Hamburg 1868.

Emmerich, Walter: Der Freihafen. Hamburg 1960.

Gerdau, Kurt: Elbe 1 – Feuerschiff der Stürme. Herford 1988.

Gerdau, Kurt: Rickmer Rickmers – Ein Windjammer für Hamburg. 4. Auflage. Herford 1989.

Gräser, August: Der Kaisersaal im Römer zu Frankfurt. Frankfurt 1981.

Grobecker, Kurt: Hafen Hamburg – Skizzenblätter der Nachkriegsgeschichte. Hamburg 1985.

Hansen, Helmut F. H.: Der Hafen Hamburg im Wettbewerb mit den Nordsee- und Mittelmeerhäfen. Neubity 1986.

Hieke, Ernst: Rob. M. Sloman jr. Errichtet 1793. Hamburg 1968.

Hiller, Helmut: Friedrich Barbarossa. Kaiser-Ritter-Held. 1977.

Himer, Kurt: 75 Jahre Hamburg-Amerika Linie, 2 Bände. Hamburg 1922.

Kludas, Arnold: Hundert Jahre HADAG-Schiffe 1888–1988. Herford 1988.

Kludas/Maass/Sabisch: Hafen Hamburg: Die Geschichte des Hamburger Freihafens von den Anfängen bis zur Gegenwart. Hamburg 1988.

Köhlers Flottenkalender, diverse Ausgaben. Herford.

Koppmann, Karl: Aus Hamburgs Vergangenheit. Hamburg und Leipzig 1885.

Lachmund, Fritz: Hamburg: Seinerzeit zur Kaiserzeit – Anno 1888 bis 1914. Hamburg 1962.

Lehe, Erich von: Das Hamburger Schuldbuch von 1288. Hamburg 1956.

Linkemeyer, C: Hamburg im Zeichen des Krummstabes. Studien aus dem Mittelalter. Hamburg 1926.

Marchtaler, Hildegard V.: Aus Alt-Hamburger Senatorenhäusern. Familienschicksale im 18. und 19. Jahrhundert. Hamburg 1958. 3. Auflage.

Marchtaler, Hildegard V.: Die Slomans. Geschichte einer Hamburger Reeder- und Kaufmannsfamilie. Hamburg, II. Auflage 1939.

Meyer-Marwitz, Bernhard: Das Hamburg Buch. Hamburg 1981.

Meyer-Marwitz, Bernhard: Großer Hamburg Spiegel. Hamburg 1978.

Meyer-Marwitz, Bernhard: Hamburgs Weg zum Welthafen. Hamburg 1960.

Möhring, Maria/Kühn, Gisela: »Der Hamburger Ewerführer im Wandel der Zeiten«. Hamburg 1965.

Nathansen, W.: Aus Hamburgs alten Tagen. Ernste und heitere Mittheilungen. Hamburg 1894.

Oppens, Edith: Hamburg. München 1981.

Otto, Franz: Das Buch berühmter Kaufleute oder Der Kaufmann zu allen Zeiten. Leipzig/Berlin 1868.

Prager, Hans Georg: Zu Schiff durch Europa – Umweltfreundlich in die Zukunft. Das Buch von der Binnenschiffahrt. 2. Auflage. Herford 1988.

Reinke-Kunze, Christine: Hamburger Hafenschiffe. Herford 1989.

Reinke-Kunze, Christine: Den Meeren auf der Spur – Geschichte und Aufgaben der deutschen Forschungsschiffe. Herford 1986.

Schacht, Heiner: 150 Jahre Hamburger Hafenschiffahrt, Lütgens & Reimers 1837–1987. Hamburg 1987.
Schlözer, Kurd von: Die Hansa und der deutsche Ritter-Orden in den Ostseeländern und Verfall und Untergang der Hansa und des deutschen Ordens in den Ostseeländern. Nachdruck der Ausgabe von 1851–53. Wiesbaden.
Schramm, Percy Ernst: Gewinn und Verlust. Die Geschichte der Hamburger Senatorenfamilien Jencquel und Luis. 16. bis 19. Jahrhundert. Hamburg 1969.
Schramm, Percy Ernst: Hamburg, Deutschland und die Welt. Hamburg 1943.
Smidt, Heinrich: Hamburger Bilder. Hamburg 1836.
Stephan, Rolf: Brücken für Hamburg. Johann Hermann Maack Bauinspektor von 1841 bis 1868. Hamburg 1987.
Tadday, Gerhard: Lexicon der Deutschen Geschichte. 1977.
Treue, Wilhelm: »Deutschland in der Weltwirtschaftskrise«. Düsseldorf 1967.
Uffenbach, Z.C. von: Hamburg im achtzehnten Jahrhundert. Auszug aus dessen Hauptwerk »Merkwürdige Reisen durch Niedersachsen, Holland und Engelland« – Zweyter Teil. Frankfurt und Leipzig 1753. Herausgegeben von Reinhold Pabel, Hamburg.
Verg, Erik: Das Abenteuer das Hamburg heißt. Der weite Weg zur Weltstadt. Hamburg 1977.
Wahl, Rudolph: Friedrich Barbarossa. 1976.
Wichmann, E.G.: Heimatkunde. Topographische, historische und statistische Beschreibung von Hamburg und der Vorstadt St. Georg. Hamburg 1863.
Witthöft, Hans Jürgen: Container – Transportrevolution unseres Jahrhunderts. Herford 1977.
Witthöft, Hans Jürgen: Kurs Levante – Deutsche Linienfahrt ins östliche Mittelmeer. Herford 1989.
Zimmerling, Dieter: Die Hanse. Handelsmacht im Zeichen der Kogge. Düsseldorf/Wien. 1. Auflage 1976.

Freundschafts-, Handels- und Schiffahrts-Vertrag zwischen den Senaten der freien und Hansestadt Lübeck, Bremen und Hamburg und den Vereinigten Staaten von Nord-Amerika vom 20. 12. 1827. Hamburg 1828. Gedruckt by Johann August Meißner.
Bericht über die USA-Studienreise »Kombinierter Verkehr« 21. Febr. bis 30. März 1964.
Container-Handbuch (Hansen/Meyer/Röper) Hamburg 1968/1969.
Management-Seminare ASB, Heidelberg. Heidelberg, Februar 1968. Bremen, März 1968. Hamburg, Juli 1968.
Verein Deutscher Ingenieure – Seminar »Der Containerverkehr«1968.

Fachaufsätze des Verfassers

»Behälterverkehr Übersee« in Rationeller Transport Nr. 3/1963
»Behälterverkehr und Seeschiffahrt« in Transport Dienst Nr. 42/1963
»Übersee-Containerverkehr auf neuen Wegen« in Rationeller Transport Nr. 6/1964
»Nordatlantik – Beginn eines Strukturwandels« in Europa Verkehr Nr. 2/1966
»Wohin geht die Reise?« in Rationeller Transport – Sonderausgabe 1966
»Sind alle Normenprobleme gelöst?« in HANSA Nr. 9/1967
»Leasing since 1952« in Containerisation International Nr. 3/1968
»Liberalisierung der Zollvorschriften« in Transport Dienst Nr. 40/1968
»Die Containernorm und ihre wirtschaftliche Bedeutung« in HANSA Nr. 19/1968
»EDV-gesteuerte Container Logistik« in HANSA Nr. 19/1970
»Die Rückkehr zum konventionellen Verkehr ist nicht mehr möglich« in Transport Dienst Nr. 8/1972

Der Hamburger Hafen heute

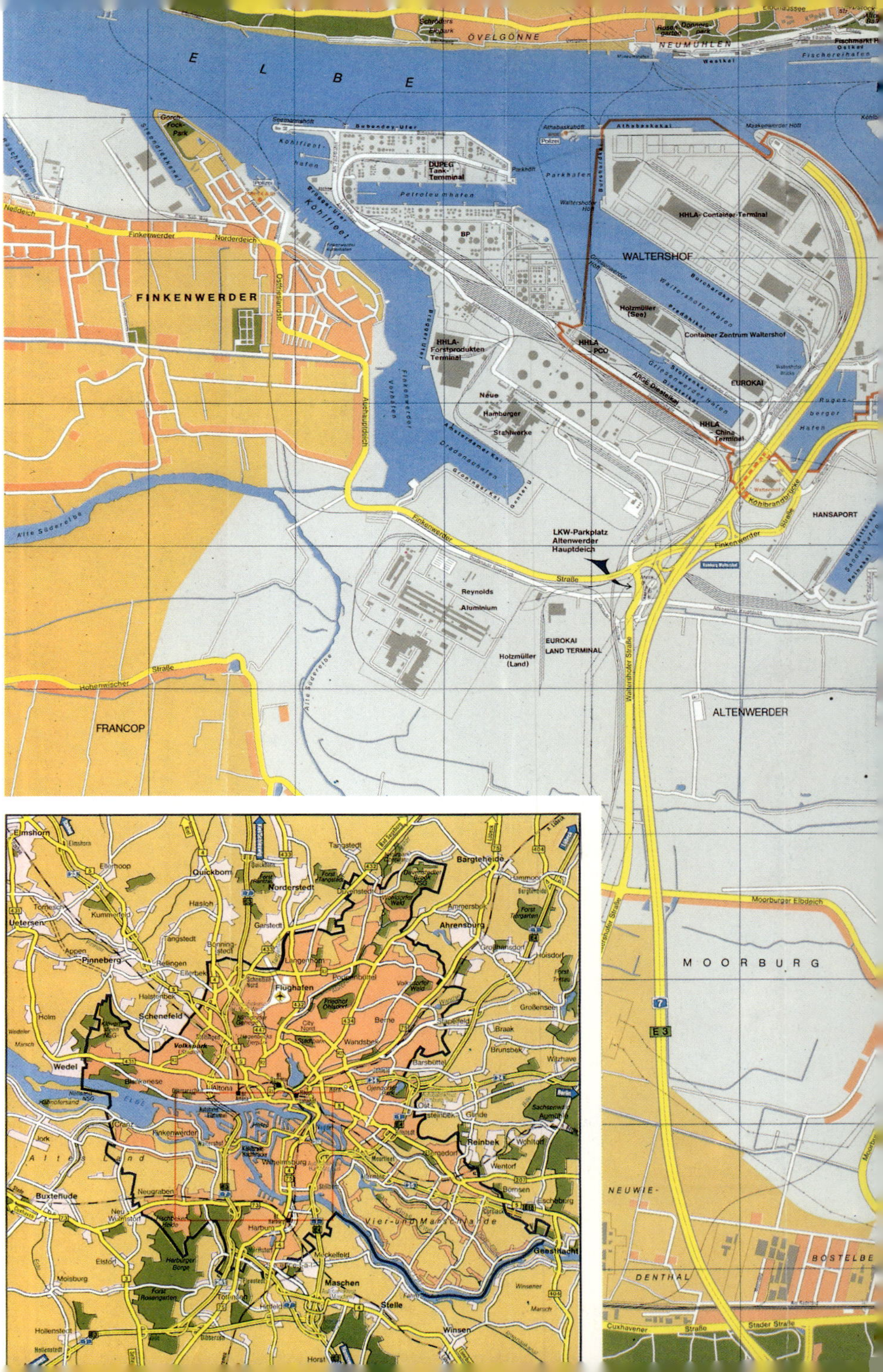